部活で 差がつく!

勝つソフトテニス 最強のコツ55

ヨネックスソフトテニス部元監督
中村 謙 監修

メイツ出版

この本の使い方

この本では、ソフトテニスを上達するためのコツを紹介しています。基本的なテクニックから試合で活躍するための練習方法、ウォーミングアップや筋力トレーニングまで、ソフトテニスが上手くなるための知識を一通り網羅しているので、最初から読みすすめても、自分が苦手とする項目からピックアップすることも可能です。各ページには、紹介しているコツを修得するために必要なポイントが3つあげられています。みなさんの理解を深めるための助けにしてください。

さらにこの本の特色として、部活動に焦点をあてて、練習方法や部活動においての考え方も紹介しています。部活動で練習する上で参考にしてください。

タイトル
このページでマスターするポイントと、テクニックの名前などが一目で分かるようになっている。

CHECK POINT!
コツをマスターするためのポイントを3つ紹介している。練習する際は、常に意識して行おう。

フォアハンドストローク（シュート低）　コツ 06

からラケットを振りあげドライブ回転をかける

い打点で打つ場
、腰を落として
かりドライブ回
かける。

ECK POINT
相手ボールのバウンドする位置を予想する
ラケットの中心でボールをインパクトする
ラケットを振りあげてドライブ回転をかける

あらゆるストロークの基本となる打ち方

フォアハンドストロークは、あらゆる場面で使うテクニック。特に低い打点で打つことはグランドストロークではもちろん、レシーブでも多用する基本技術だ。

まず相手が打ったボールがどこで弾むかを予想して、フットワークを使ってすばやく回り込む。右利きの場合、後ろ足となる右足に重心を置いて軸足とし、そこから左足に重心を移していく。

ラケットは下から上に振りあげて体の前でインパクト。そうすることでボールに前進回転となるドライブがかかり、低くて速いシュートボールを打つことができる。

シュートボールはあらゆるストロークの基本となる技術なのでしっかり身につけておきたい。

20

解説文
このページで紹介しているポイントと、関係する知識を解説している。じっくり読んで理解を深めよう。

POINT
タイトルとCHECK POINT!に連動して、ポイントをマスターするために写真を使って分かりやすく解説する。

PART 1

POINT 1 相手ボールのバウンドする位置を予想する

相手が打ち返した瞬間に、ボールのコースを見極めて、どの位置にバウンドするのかを予想する。そうすることですばやく落下点に回り込むことができ、軸足の位置が決まり、強いドライブの効いたボールを打つことができる。

POINT 2 ラケットの中心でボールをインパクトする

インパクトでは腰を落とし、体の前でラケットの真ん中でとらえるようにする。このとき後足にあった重心を前足に移動させながら打つと、重心が乗った力強いボールになる。腕の振りだけでなく足の運び方にも注意。

POINT 3 ラケットを振りあげてドライブ回転をかける

インパクト後は、ラケットを下から上に振りあげて、ボールにドライブ回転をかける。同時に腰を回転させると、スイングのスピードもアップする。
しっかりとラケットを振り切ってフォロースルーをとることが大切だ。

+1 アドバイス

重心移動が
シュートボールのカギ

フォームの流れの中では、後ろ足となる方に重心を置いて軸足とし、そこから前足に重心を移していくことが大切。この重心移動がうまくいかないと、打球に勢いがでずドライブ回転もうまくかからない。しっかり腰を落として重心移動を心がけよう。

21

プラスワンアドバイス
ヨネックス所属のトップ選手たちが、独自の視点からより詳しくポイントをアドバイスする。

※本書は2016年発行の『部活で差がつく！ソフトテニス 必勝のコツ』を元に、加筆・修正を行っています。

部活で差がつく！ 勝つソフトテニス 最強のコツ55

もくじ

この本の使い方 2
もくじ 4
はじめに 6
コツ01 ソフトテニスはどんなスポーツ 8
コツ02 目標の立て方 10
コツ03 ソフトテニス部の構成 12
コラム ラケット選び 14

PART1 基本ストロークを身につける 15
コツ04 グリップの握り方 16
コツ05 構え方 18
コツ06 フォアハンドストローク（シュート低） 20
コツ07 フォアハンドストローク（シュート中・高） 22
コツ08 フォアハンドストローク（ロブ低） 24
コツ09 フォアハンドストローク（ロブ中・高） 26
コツ10 バックハンドストローク（シュート低） 28
コツ11 バックハンドストローク（シュート中・高） 30
コツ12 バックハンドストローク（ロブ低） 32
コツ13 バックハンドストローク（ロブ中・高） 34
コツ+α スライスショット 36

PART2 サービスとボレー 37
コツ14 サービスのルール 38
コツ15 フラットサービス 40

コツ16 スライスサービス 42
コツ17 リバースサービス 44
コツ18 アンダーハンドサービス 46
コツ19 ボレーの種類 48
コツ20 基本ボレー フォアハンド 50
コツ21 基本ボレー バックハンド 52
コツ22 ハイボレー フォアハンド・バックハンド 54
コツ23 ローボレー フォアハンド・バックハンド 56
コツ24 ランニングボレー フォアハンド・バックハンド 58
コツ25 スマッシュ 60
コラム ウェア選び 62

PART3 試合で勝つためのテクニック 63

コツ26 サービス&レシーブのフォーメーション 64
コツ27 後衛サービスからの攻撃パターン① 66
コツ28 後衛サービスからの攻撃パターン② 68
コツ29 前衛サービスからの攻撃パターン① 70
コツ30 前衛サービスからの攻撃パターン② 72
コツ31 後衛レシーブからの攻撃パターン① 74
コツ32 前衛レシーブからの攻撃パターン① 76
コツ33 後衛レシーブからの攻撃パターン② 78
コツ34 前衛レシーブからの攻撃パターン② 80
コツ35 シングルスの重要性 82
コツ36 シングルスのフットワーク 84

PART4 状況別 練習メニュー 87

コツ37 シングルス対策の練習 88
コツ38 ショート乱打 90
コツ39 乱打 92
コツ40 手投げ10本打ち 94
コツ41 ストレート・クロス打ち 96
コツ42 3本打ち 98
コツ43 前後4本プラストップ打ち 100
コツ+α 5本打ち 101
コツ44 ボレー対ボレー 102
コツ+α ランニングボレー 103
コツ45 ボレー&スマッシュ 104
コツ46 バックハンドハイボレー 105
コツ47 レシーブ&ローボレー 106
コツ48 サービス&ローボレー 107
コツ49 アタック止めの練習 108
コツ50 アタック止め&アタック練習 109
コツ51 試合会場でできる練習① 110
コツ+α 試合会場でできる練習② 111
コツ52 ラダーのトレーニング 112
コツ53 ゴムチューブのトレーニング 114
コツ54 ソフトテニスのための筋力トレーニング 116
コツ55 パフォーマンスを向上するストレッチ 120
コラム シューズ選び 125

はじめに

ソフトテニスは、年齢や性別にこだわらず、誰でも手軽に自分の体力に合わせて楽しめるため、幼い頃や学生のうちに始めても、生涯通して楽しむことのできるスポーツです。日本で生まれたスポーツでもあり、中学・高校など学校の部活動でも人気のスポーツといえます。

一方で部活動に入部する前に、ソフトテニスに親しむ環境は、まだまだ少ないのが実情です。つまり部活動でソフトテニスをはじめる選手は、一年生でボールを打ちはじめ、二年生になれば新人戦などの試合に出場し、三年生は夏の大会後に引退するという、短い時間のなかでレベルアップしなければならないのです。

もちろん、部活動は学生の入れ替わりがあったり、個々の選手のレベルもバラバラのチームです。ペア戦が主流であるため、部活動全体としてチームを押し上

げるというよりも、ペアや個人がいかに強くなるかが優先されるケースもあります。そのなかで「勝つ」という同じ目標に向かって、部活動に所属する選手全員が、努力を続けるためには説得力のある技術論と練習法が必要となるのです。

本書はきちんと指導してくれる専門のコーチがいない部活動でも、しっかりとしたフォームを身につけ、上達するための理論や練習法が網羅されています。そして、ソフトテニスを上達するために、一番大切な「目標を持って練習に取り組む」ことの大切さを国内のトップであるヨネックスの選手たちが体現しています。

全国のソフトテニス選手の皆さんが、それぞれの部活動で活躍し、楽しく練習できることを願っています。

ヨネックス株式会社
ソフトテニス部元監督
中村謙

ソフトテニス部の活動を知る

ソフトテニスの試合はダブルスが主流。チーム内でペアを組む。

CHECK POINT

❶ シングルスのコートはダブルスよりも狭い
❷ ダブルスがオーソドックスなスタイル
❸ 自分のプレースタイルに合った道具選びを

基礎が大切な幅広い層に人気のスポーツ

ソフトテニスは、硬式テニスをベースにして日本で生まれたスポーツである。ひとつのボールをネットを挟んで打ち合うことは硬式と変わらないが、ボールが柔らかいゴム製であり、前衛と後衛に分かれたダブルスが中心であることが特徴となる。**そのため、特にダブルスでは戦術や駆け引き、味方とのコンビネーションなどが重要である。**

硬式テニスに比べると身体的な負担が少ないため、子どもから高齢者まで幅広い層に愛され、中学校や高校の部活でも人気のスポーツとなっている。初めてソフトテニスをすることになるジュニアチームや中学校の部活では、基本をしっかり身につけて、これからの楽しいソフトテニス生活と技術の向上に役立ててほしい。

POINT 1

コート内を走り回るスタミナが不可欠

シングルスで使うコートは、ダブルスよりも1.37m内側にサイドラインがある。コート自体は狭くなるがその中を一人で走り回らなければならず、かなりのスタミナを必要とする。普段の練習からフットワークを鍛えておきたい。

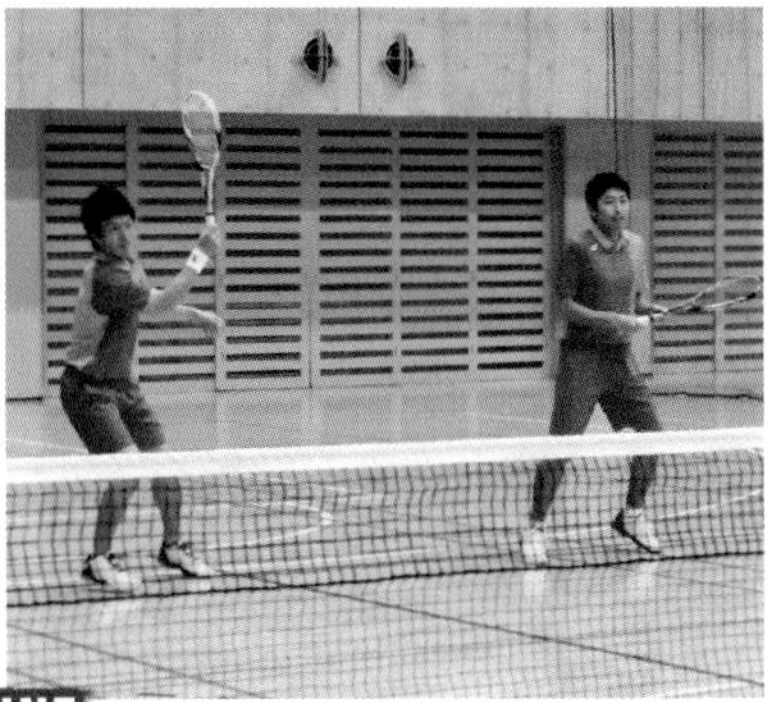

POINT 2

ダブルスでは信頼関係も強さに比例

ソフトテニスはダブルスが主流で、前衛と後衛の役割がはっきりと分かれている。そのため、パートナーとのコンビネーションが非常に重要である。パートナーの動きに合わせられる練習や、信頼関係を築いておくことも大切だ。

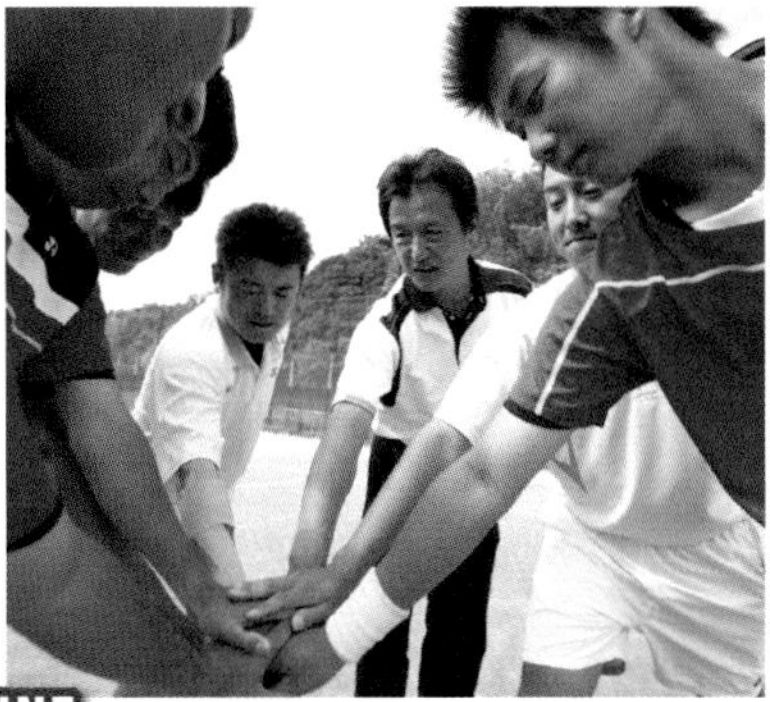

POINT 3

団体戦はダブルスで先に2勝すれば勝ち

団体戦ではダブルス3チーム同士が順番に試合をし、先に2勝した方が勝ちとなるのが一般的。ここでは相手のプレースタイルに合わせた順番決めが重要になってくる。3番目のチームは勝負を決める試合になるので慎重に選ぶ。

+1 アドバイス

ラケットは自分に合うものを選ぶ

テニスを始めるにあたりまず必要なのがボールとラケット。ボールは規格が決まっているが、ラケットは規定内であれば自由に選ぶことができる。パワーを重視するかコントロールを重視するかなど自分に合ったものを選ぼう。

試合日から逆算して予定を立てる

CHECK POINT

1. 練習できない期間も考えて目標設定する
2. 具体的な個人目標を設定する
3. 学年ごとの目標を設定する

監督と選手が話し合い、チームの目標を決めることがベスト。

目標達成を見据えて各学期や休暇ごとに練習方法を考える

個人の力量や学年などによっても変わってくるが、目標を設定してそれに沿った練習方法を考えることが大切である。どの高さでも打てるようになるとか、バックハンドで打ち返せるようになるなど、長所を伸ばしたり弱点を克服したりと、しっかり考えたうえで練習に臨みたい。

試合で勝利を収めるということは大きな目標にあげられる。その場合には、**試合日程から逆算して細かく練習方法を設定していくことが効果的である**。いつまでにどの程度体力をつけておきたいか、この頃にはこの弱点を克服したいなど、各学期や休暇ごとに自分の練習方法を見直していこう。

天候などによって外での練習ができない場合もあるので、余裕を持って設定すること。

POINT 1 テスト期間中は練習ができない

中学や高校の部活では3年生の夏が最後の大会になる。ここから逆算して練習内容を決めていくわけだが、テスト期間中や天気の悪い日は思うように練習ができないので、それも含めて考えるようにしよう。

POINT 2 総合的に考えて具体的な目標設定を

技術や能力は個人によって違うもの。得意なボールの高さを極めて武器にするか、ダブルスだったらパートナーに合わせて自分の弱点を克服するか、総合的に考えて練習計画を立て、実行できるようにすること。

POINT 3 学年によって練習内容を変える

1年生はまずは体力づくりからはじめ、ボールになれることでテニスの楽しさを覚える。2年生からは、試合に勝つために戦略的な練習も取り入れる。3年生は最後の大会に合わせて最終的なフォームチェックなど調整段階だ。

+1 アドバイス

個人目標だけでなくチームの目標も大切

一人ひとりの目標は当然違うが、チームとしての目標もしっかりと設定しておく必要がある。個人とチームの目標に向かってよい雰囲気をつくり、お互いに協力し合って応援していけば、大きな力が生まれることは間違いない。

各自が役割を意識して活動する

CHECK POINT

❶ キャプテンは、リーダーシップを発揮してチームをけん引する
❷ マネージャーは選手たちの体調も管理するお母さん的存在
❸ 監督は選手たちの力を見抜く目も必要である

チームがまとまるためには、各選手の自覚が必要である。

キャプテンやマネージャー個々の役割を理解しよう

チームとは個人の集合体であることは言うまでもない。よりよいチームをつくるには、まずは個人を大切にし、パートナーはもちろんのことチーム全員で尊重し合わなければならない。**楽しい雰囲気で練習することによって個人のやる気やモチベーションはアップし、練習の効率も格段にアップすることになる。**

キャプテンや上級生はチームをしっかりとリードしなければならないし、マネージャーは選手の体調管理をしたり記録をつけたりと各々の役割を考えて練習や試合に臨まなければならない。選手、スタッフ、監督やコーチたちの信頼関係がしっかりとしているチームは強いチームである。

POINT 1 キャプテンは選手たちの代表者

チームの代表であるキャプテンは、チーム全員の手本となるように責任のある行動をとらなければならない。監督と選手たちの間をしっかりと取り持ち、ときには練習メニューを考えたりすることもある。

POINT 2 マネージャーもチームの一員

マネージャーは選手の練習の補助をするだけでなく、選手たちの体調を管理したり、ときには食事の用意をしたりとやるべきことは多岐にわたる。チームの一員であるので、簡単な気持ちでは務まらないほど重労働である。

POINT 3 監督は選手たちの力を見抜く目が必要

監督には知識と経験、指導力が要される。未経験者もいるので、技術的なことだけでなくソフトテニスの楽しさも教えることができなければならない。また、選手たちの特徴を見抜き、それに合った指導をすることも大切である。

+1 アドバイス

ダブルスのペアには相性のよさが重要

ダブルスの前衛は、相手のボールをすぐに打ち返す反射神経が必要である。後衛は前衛をアシストしつつも長いラリーを続けられるスタミナが必要である。ペアを組むには、それに加えてお互いに相性も加味しなければならない。

ラケット選び

ラケットを購入する際は、自分のプレースタイルにあったものを選ぼう。ストロークがプレーの中心となる後衛と、ボレーやスマッシュなど至近距離でボールをヒットする前衛では、それに適したラケットの形状が違う。前衛プレイヤーは、しなりが少なく面のブレも少ないオープンスロートタイプが使いやすい。操作性に優れつつも、インパクト時に安定した面はまさにボレー向けのラケットといえる。後衛プレイヤーには、シャフト部分がＶ字で開いているオープンスロートタイプとシャフト部分の１本タイプがある。どちらもヘッドスピードが速くなり、後衛のストロークに適しているラケットだ。前者はコントロール重視のストローク向け、後者はパワー重視のストローク向けタイプだ。さらに両者の特徴を兼ね備えたシングルス向けのラケットも開発され、道具は進化している。

シャフトは前衛用ではボレーの衝撃に負けない太さ、後衛用は軽く振り抜けの良さがある。

PART 1

基本ストロークを身につける

自分にあったグリップを見つける

自分がしっくりくる
グリップを見つける
ことからはじめよう。

CHECK POINT
❶ まずはラケットを握ってみる
❷ ウエスタングリップの長所短所を知る
❸ イースタングリップの長所短所を知る

グリップの握り方によってプレースタイルに幅が出る

ソフトテニスをプレーするうえで、まずは正しいラケットの握りを知ることが大切だ。グリップには大きく分けて二種類の握り方があり、それぞれに特徴がある。

ウエスタングリップは、もっともポピュラーな握り方で、**フォアハンドやバックハンド、ボレーなどのショットにまんべんなく使える。**

またイースタングリップは、**ボールに回転をかけやすくサービスなどで有効な握りだ。**この二つのグリップの中間にあるセミイースタングリップもあわせて理解しておくと、プレーの幅が広がる。

ただし最初は、グリップの長所短所を気にせず、まずは自分が握ってしっくりする形から入る方がベターといえる。

KENKO
YONEX
KENKO
YONEX

POINT 1 まずはラケットを握ってみる

右腕が利き手の場合、右足の前にラケットを地面に置く。そこからグリップを握ってみよう。この状態はウエスタングリップというオーソドックスな握りとなる。手のひらがしっくりくるポイントを探りつつ、自分のグリップを見つけてみよう。

POINT 2 ウエスタングリップの長所を知る

地面に置いたラケットを上から握ったグリップ。ラケット面と地面は平行で、フォアハンドまたはバックハンド、ボレーなどあらゆるショットに適している。ソフトテニスの選手の多くが採用するだけに、前衛・後衛問わずオールラウンドに活躍できる。

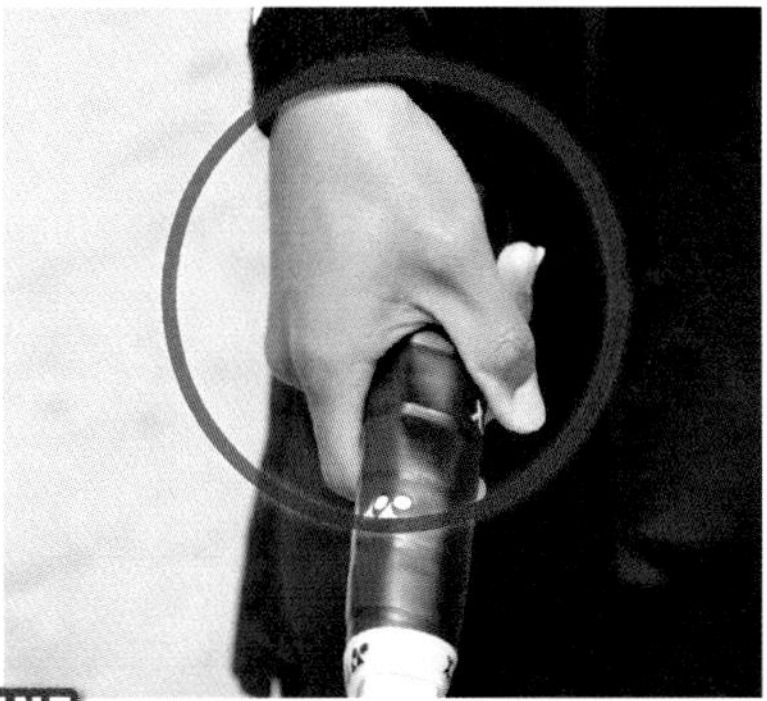

POINT 3 イースタングリップの長所を知る

ラケット面が地面に対して垂直になるグリップ。ボールに回転をかけやすく、手首の操作にも自在性がある。地面スレスレの低いボールにも手が届き、サービスなどでボールに回転をかけたり、上下からボールにスピンをこすることができる。

+1 アドバイス

セミイースタングリップ

ウエスタングリップとイースタングリップの中間に位置する握り方。サービスやスマッシュなどでスナップが使えるため、強いボールを打つことができる。グリップの種類に限りはあるが、ラケットを握る長短を加えるとさらにバリエーションが広がる。実際にボールを打ってみた自分の感覚を大事にしよう。

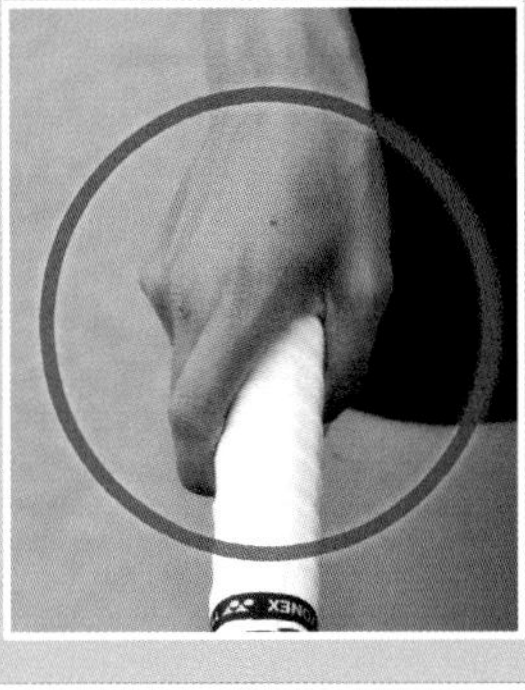

正しい姿勢でボールを待つ

CHECK POINT
❶ すばやくフットワークが使える姿勢で待つ
❷ 左右どちらにも反応できるように待つ
❸ ボールや相手のスイングを注視する
前衛
ボレー
後衛
レシーブ

右がストローク時の待球姿勢。ネット際の前衛ポジションでは左のようになる。

ポジションにあった待球姿勢をつくる

「待球姿勢」とは、相手のサービスやストロークを待つ姿勢のこと。プレイヤーはこの状態から相手の打ったボールに反応してストロークやボレーで返球する。

　ベースライン付近でストロークを打つ際やレシーブ時に相手サービスを待つ際は、ストローク向けの待球姿勢をとる。
また前衛としてネット際につめている場合は、目の前にネットがあることにより、やや姿勢が変わってくる。

　この二つ姿勢がしっかりできていないと、速いボールに対して反応が遅れてしまいミスの原因となってしまう。日頃からこのフォームを意識して、フットワークをスタートすることで、どんなボールでも返球できるテクニックが身についてくる。

KENKO
YONEX

POINT 1 すばやくフットワークが使える姿勢で待つ

ラケットを持つ手に、もう片方の手を添えて前傾姿勢をとる。このとき重心はややツマ先寄りに、ヒザも軽く曲げること。体全体もリラックスした状態にすることが大切だ。必要以上に力が入ってしまうと、動きに無駄が出る。

POINT 2 左右どちらにも反応できるように待つ

ネット際での待球姿勢は、足を肩幅程度に開き、視線は前へ。ストロークの待球姿勢ほど前傾姿勢をとる必要はない。ネットに対してのポジショニングは約1メートルが目安となるが、相手との位置関係によって左右はもちろん、前後にも動く必要がある。

POINT 3 ボールや相手のスイングを注視して待つ

いかに待球姿勢をとってもボールや相手のスイングを見ていないのでは意味がない。相手が態勢を崩してストロークした結果、こちらにチャンスボールが来そうなら、すばやく落下点を見極めて移動することがポイントとなる。

+1 アドバイス

前傾姿勢をしっかりとる

ボールを待つ姿勢は、やや前傾になることが大切。反対に後傾の姿勢になったり、棒立ちになった姿勢ではボールに対しての一歩目が遅れてしまう。また相手の打つボールに対しての視界もキープできないこともあるので注意！

下からラケットを振りあげドライブ回転をかける

低い打点で打つ場合は、腰を落としてしっかりドライブ回転をかける。

CHECK POINT

❶ 相手ボールのバウンドする位置を予想する
❷ ラケットの中心でボールをインパクトする
❸ ラケットを振りあげてドライブ回転をかける

あらゆるストロークの基本となる打ち方

フォアハンドストロークは、あらゆる場面で使うテクニック。特に低い打点で打つことはグランドストロークではもちろん、レシーブでも多用する基本技術だ。

まず相手が打ったボールがどこで弾むかを予想して、フットワークを使ってすばやく回り込む。右利きの場合、後ろ足となる右足に重心を置いて軸足とし、そこから左足に重心を移していく。

ラケットは下から上に振りあげて体の前でインパクト。そうすることでボールに前進回転となるドライブがかかり、低くて速いシュートボールを打つことができる。

シュートボールはあらゆるストロークの基本となる技術なのでしっかり身につけておきたい。

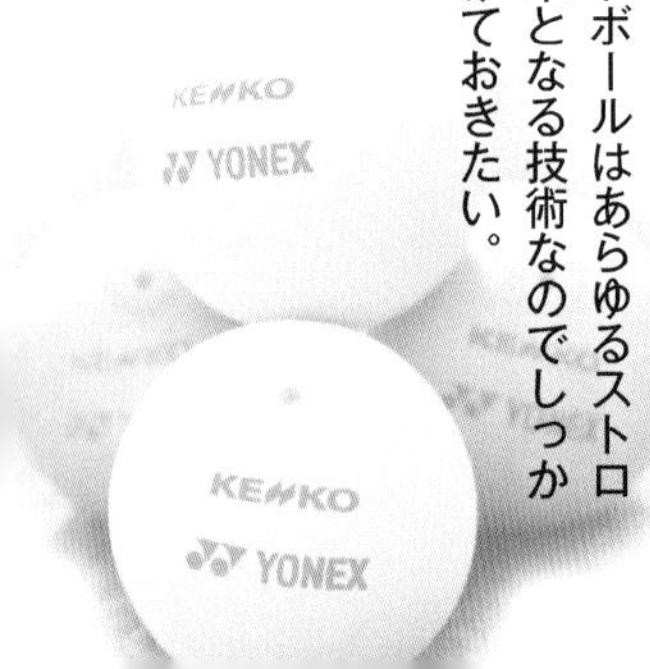

POINT 1 相手ボールのバウンドする位置を予想する

相手が打ち返した瞬間に、ボールのコースを見極めて、どの位置にバウンドするのかを予想する。そうすることですばやく落下点に回り込むことができ、軸足の位置が決まり、強いドライブの効いたボールを打つことができる。

POINT 2 ラケットの中心でボールをインパクトする

インパクトでは腰を落とし、体の前でラケットの真ん中でとらえるようにする。このとき後足にあった重心を前足に移動させながら打つと、重心が乗った力強いボールになる。腕の振りだけでなく足の運び方にも注意。

POINT 3 ラケットを振りあげてドライブ回転をかける

インパクト後は、ラケットを下から上に振りあげて、ボールにドライブ回転をかける。同時に腰を回転させると、スイングのスピードもアップする。

しっかりとラケットを振り切ってフォロースルーをとることが大切だ。

+1 アドバイス

重心移動がシュートボールのカギ

フォームの流れの中では、後ろ足となる方に重心を置いて軸足とし、そこから前足に重心を移していくことが大切。この重心移動がうまくいかないと、打球に勢いがでずドライブ回転もうまくかからない。しっかり腰を落として重心移動を心がけよう。

ラケットを振り抜いて攻撃的に打つ

CHECK POINT
❶ ボールを引きつけてコースを狙う
❷ 少し上に振り抜くようにラケットを振る
❸ 距離があるときは、つなぐ意識で返す
ミドル打ち

チャンスボールの場合は、思い切ってラケットを振り抜こう。

状況を見極めて確実にチャンスをモノにする

腰の高さから上での打ち方も、低いボールを打ち返すときと、フットワークや重心移動、腕の振りなど基本的な動きは同じ。

ただし打点が高くなる分、ボールを引きつけてコースを狙うことができ、ストレートやクロスなどコースを打ち分けることで、ポイントを狙うことができる。

いくらチャンスボールといってもラケットを真横に振ってしまうと、ネットミスになってしまう。**やや横から少し上へ振り抜くイメージで、ドライブ回転をかけてみよう。**

ベースラインより後ろでボールを処理する場合は、距離があり相手も対処しやすいのでポイントを狙うのが難しい。ボールを打つ状況によってはつなぐだけでも構わない。

KENKO
YONEX
KENKO
YONEX

POINT 3
距離があるときはつなぐ意識で返す

ラケットは必ず振りあげてフォロースルーを取る。打点が高い位置でのショットは攻撃的に使えるが、相手との距離があるベースライン付近では、つなぐことを意識して相手コートに強く深いボールを返すことを念頭にプレーしよう。

POINT 2
少し上に振り抜くようにラケットを振る

ラケットを水平から少し上に振り抜くようにして、体の前でインパクトするとドライブ回転の効いた強いボールが打てる。インパクトの瞬間ラケットはフラットだが、手首を返すことで回転をかけていくことがポイントだ。

POINT 1
ボールを引きつけてコースを狙う

ボールがバウンドする位置を見極めたらフットワークを使って移動。軸足の位置を決めてボールを待つ。そこから引きつけるようにして、ボールをインパクトすることで相手前衛の動きをけん制することができる。

+1 アドバイス

インパクトは引きつけすぎてもNG

ボールを引きつけることを意識するあまり、ミートするポイントが近くなりすぎてはミスの原因となってしまう。トップ打ちのインパクトややヒジにゆとりがある程度の位置が理想。そこからやや上横方向にラケットを振り抜いていくと、ドライブ回転のかかったボールが飛ぶ。

ヒザを柔らかく曲げて押し出すように打つ

腰を落とし、フォロースルーをしっかりとると理想のロビングが打てる。

CHECK POINT

1. ヒザをやわらかく使って低い位置から打つ
2. 上体をしっかり立てることを意識する
3. ベースライン近くの深い場所に落とす

ボールを運ぶイメージでフォロースルーをとる

低い打点で打つロビングは、相手前衛を避けたり、自分の体勢を立て直す時間を稼ぐ際に用いるのに有効なストローク。**ポイントはヒザをやわらかく曲げて、伸びる力を利用して、全身を使ってボールを運ぶように打つこと。**上体を立てていかないと、全身がうまく使えずに手打ちになってしまうこともあるので注意しよう。

ゆるいロビングボールは、コースや位置によっては相手に余裕を与えることになる。**基本は相手コートのベースライン近くである、深いところにボールを落とすこと。**打ち終わったら、必ずフォロースルーをしっかりとって「ボールを運ぶ」イメージを意識すると、コントロールがつきやすい。

POINT 1 ヒザをやわらかく使って低い位置から打つ

低い位置からロビングを打つときは、やわらかくヒザを使うことがポイント。ヒザをしっかりと曲げてタメを作ったら、伸ばす力を利用してボールをラケットに乗せるようにインパクトする。ヒザのバネでボールを持ちあげるような意識を持つ。

POINT 2 上体をしっかり立てて打つことを意識する

上体が前に倒れてしまうと、手の力だけでボールを打つ「手打ち」になってしまう。そうなると下半身の力を使えず、うまくロビングをあげることができない。スイングの最初から最後まで、上体はずっと立てたままキープで打つことを心がけよう。

POINT 3 相手コートのベースライン近くにボールを落とす

ロビングは追い込まれているときに使うことが多いので、体勢を立て直す時間を稼ぐためにも、相手コートのベースライン近くである、深い場所にボールを落とすのが有効。中途半端な山なりのボールは、相手のチャンスボールになってしまう。

+1 アドバイス

全身の力でボールを運ぶ

ヒザをやわらかく曲げて、伸びる力を利用して、全身を使ってボールを運ぶように打つことが大切。ヒザが曲がり、ボールをあげようと意識し過ぎて上体がのげぞってしまうとうまく、ロビングがあがらない。手打ちにならないように注意しよう。

シュートボールと同じフォームで打つ

CHECK POINT
❶ ボールの落下点を見極めてフットワークを使う
❷ 体の前でボールをインパクトする
❸ フォロースルーをとってボールの行き先を確認する

高い打点でボールを打つ場合は、こちら側に主導権がある。しっかりコントロールしたロビングをあげよう。

タメをつくり相手のいないところにボールを運ぶ

ミドルやトップの打点のロビングは、基本的には低い打点のロビングと同じフォームで打つ。このショットは相手コート深く、相手前衛のラケットも届かない高さにボールを打つことで、攻撃的に使うことができる。

インパクトの位置が高くなるため、引きつけて打てるメリットがあるが、速いシュートを打つように見せて、相手の一歩目を遅らせることが大切だ。

そのためにはロビングとシュートをなるべく同じフォームで打つことがポイントになる。**ヒザを曲げてタメを作り、ボールを引きつけたら、下から上へドライブ回転をかけ、相手のいないコースへボールを運ぶ。**

POINT 3
フォロースルーをとってボールの行き先を確認

インパクト後は、ラケットを振り上げるようにしてフォロースルーを取る。ラケットにボールを乗せて運ぶようなイメージを持つとよい。

POINT 2
体の前でボールをインパクトする

相手にシュートかロビングか予想させないように、ボールを引きつける。ボールをしっかりと見て体の前でインパクトする。

POINT 1
ボールのバウンドする位置を見極める

相手の返球を見て、ボールのバウンドする位置を見極めたら、フットワークを使って打ちやすい位置に入る。

+1 アドバイス

相手コートの空きスペースを狙う

ボールを引きつけることを意識するあまり、ミートするポイントが近くなりすぎてはミスの原因。シュートボールを打ってもいい打点からのロビングは、チャンスボールともいえる。積極的に狙って相手後衛を走らせるようなコースへコントロールしよう。

肩越しにボールを見て腰を回してラケットを振る

CHECK POINT
1. 右肩を内側に入れる
2. インパクト時は手首を固定する
3. ラケット面を下向きのまま振り抜く

バックハンドの苦手克服は初心者が上達するコツ。積極的に練習しよう。

ラケット面を下向きのままドライブをかける

右利きの選手が、体の左側に来たボールを親指を下に向けて打つことを「バックハンド」という。このバックハンドの腕の使い方は、苦手とする人が多く、ウィークポイントになりがちなショットだ。まずは基本となる低いボールを打つバックハンドをマスターすることからスタートする。

ポイントは、足を踏み込み右肩を内側に入れて、ボールをしっかりと見ること。体の前で左右の腕を交差させ、踏み込んだ右足に力を入れる。体の前でボールをインパクトするときは、手首を固定しつつ、ラケット面をやや下向きのまま頭上に振り抜くと、ドライブ回転をかけることができる。

POINT 1

右肩を内側に入れて ボールを肩越しに見る

ボールのスピードと飛距離を見極め、落下地点を予想してフットワークを使い移動。軸足を踏み込んだら右肩をコンパクトに引き、内側に入れるようにする。そうすることで、肩越しにボールを見るようになり、スムーズにラケットを振ることができる。

POINT 2

インパクト時は 手首を固定する

腰の回転とともにラケットを回すようにして振る。ボールをよく見て、体の前でインパクト。このとき、手首を固定して、フラットにボールにあてるようにする。腰を回転させながら、左足から右足に重心を移動させることも大事。

POINT 3

ラケットを頭上に 高く振り抜く

インパクトの後は、ラケットをやや下向きのまま、頭上高く振り抜くようにすると、ボールに強いドライブ回転をかけることができる。右腕を伸ばし体が大きく伸び切るほどフォロースルーをとり、ダイナミックに振り切ろう。

+1 アドバイス

バックハンドの苦手を 克服する方法

足を踏み込み右肩を内側に入れて、体の前でボールをインパクトしないと、バックハンドはうまく打てない。重心が後ろ足にあったり、インパクトが体の付近の場合は、ドライブ回転もかけられず、ミスショットになってしまう。ボールに対してのステップから見直そう。

ボールを引きつけてコースを狙って打つ

コースに狙い打つことができれば、バックハンドもフォアハンド同等の武器となる。

CHECK POINT

❶ フットワークを使ってすばやくボールに近づく
❷ ボールを引きつけて狙いすましてインパクト
❸ ボールを運ぶようにラケットを振り抜く

有利な打点から攻撃的なロビングを打つ

高い打点でのバックハンドも基本は、低い打点で打つときと同じフォーム。**肩越しにボールを見ながらラケット面をやや下向きにして、腰の回転を利用して上方に振り抜く。そうすることで、ボールにドライブ回転がかかる。**

低い打点のバックハンドと違う点は、打つ側が有利であること。ボールをしっかり引きつけて打てば、相手はどのコースにボールがくるのか判断できず、一歩目の反応が遅れてしまうので、相手の意表をついたり、ポイントを決めることができる。

バックハンドの苦手意識をなくし、相手のポジショニングを見ながら空いているコースを狙えるようになれば、バックハンドは試合で大きな武器になることは間違いない。

POINT 1

フットワークを使ってすばやくボールに近づく

ボールの落下地点を予想してフットワークを使い移動する。しっかりと軸足を決めて踏み込んだら、肩をコンパクトに引いて内側に入れる。肩越しにボールを見ながらボールを引きつける。

POINT 2

ボールを引きつけて狙いすましてインパクト

ボールをしっかり引きつけたら、ラケットを下から上へと振り抜いてドライブ回転をかける。インパクト前には相手のいないコースを見極めておくこと。

POINT 3

コースを打ち抜くようにラケットを振り抜く

インパクト後はラケットをやや下向きのまま、高く振り抜くようにすると、ボールにドライブ回転がかかる。相手前衛のポジションを確認しつつ、空いているコースを打ち抜く。

+1 アドバイス

突っ込み過ぎたりスイングを被せない

ボールをしっかり引きつけて、ドライブ回転のボールを打てるのが理想。チャンスボールのあまり、上からラケットを被せるようスイングはネットミスとなってしまう。
体を突っ込んだりせず、空いているコースを冷静に狙えるようにショットしよう。

ボールを運ぶように大きくラケットを振る

バックハンドでのロビングは、まず相手コートの深いところに返すことを心がける。

CHECK POINT

1. 相手コートのベースライン付近に返す
2. インパクトではドライブ回転をかける
3. フォロースルーではボールを運ぶイメージを持つ

相手にチャンスボールを与えないロビングを打つ

バックハンドのロビングは、ラリーやサービスで相手に崩されているときに有効なショット。追い込まれたとき相手コートの深いところに返せば、時間を稼ぐことができるからだ。しかしコースの甘いボールは、相手のチャンスボールになってしまう。しっかりとベースライン付近を狙って打つことを心がけよう。

打つときのポイントは、**右肩を内側に入れて左右の腕を交差させ、腰のひねりと腕の振りをあわせてスイングすること。フォロースルーでは、ボールをラケットに乗せて運ぶイメージで大きく振る。**体勢を崩されてしまうと返すだけになりがちだが、しっかりドライブ回転をかければコースを狙うことができる。次につながるプレーをしよう。

POINT 1 相手コートのベースライン付近に返す

自分がどのような態勢でボールを打てるかにもよるが、まず相手コートの深いところにボールを返すことを心がける。そのためにはフットワークのすばやさが要求される。すばやくボールの落下点に入り、ボールを打つ構えになろう。

POINT 2 インパクトではドライブ回転をかける

インパクトでドライブ回転をかけられないと、ボールをコントロールしにくく、バックアウトのミスにつながる。しっかりドライブ回転をかけよう。そうすることで、相手がとりにくい深いロビングを打つことができる。

POINT 3 フォロースルーではボールを運ぶイメージを持つ

フォロースルーでは「ボールを運ぶイメージ」を持って、ラケットを振りあげていく。そうすることで、イメージした通りのロビングが打てるようになる。当日の天候や風向きなども頭に入れてボールを打とう。

+1 アドバイス

ロビングでも重心移動を心がけて

ロビングは、腰のひねりと腕の振りをあわせてスイングすることで、フォロースルーまでの流れがまとまる。その中でも重心移動がしっかりできていることが大切。後ろ足に重心が乗ったままだと、コントロールができないショットになってしまう。

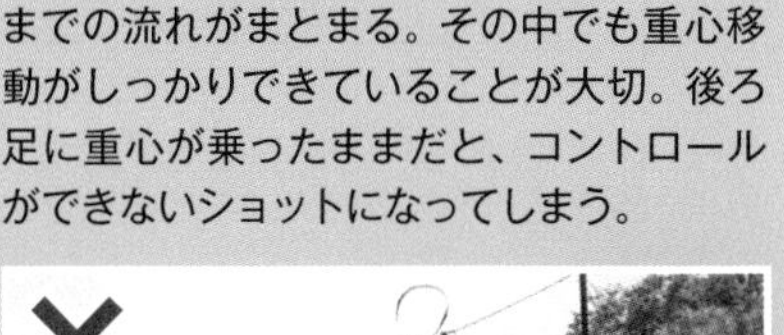

相手の判断を遅らせて有利な展開に持ち込む

ミドル打ち

有利な態勢で打てるロビングはつなぎではなく、相手を崩しにかかる攻撃的な一打。

CHECK POINT

1. フットワークを使って十分な態勢をつくる
2. ボールをできるだけ引きつけてタメをつくる
3. フォロースルーをとりボールをコントロールする

ヒザを使って下から上へボールを持ちあげるように打つ

高い打点でのバックハンドのロビングも、基本は低い打点の打ち方と変わらない。体の少し前でインパクトして、ヒザをやわらかく使い、下から上にボールを持ちあげるようにドライブ回転をかける。**バックハンドのロビングでコースや深さを打ち分けられるようになれば、試合でもハイレベルなプレーができる。しっかりとマスターしよう。**

ロビングをより効果的に使うには、強いシュートボールとの打ち分けができるようにするとよい。自然なフォームの中で、ボールを引きつけて打つことができれば、相手はロビングなのかシュートなのか予想がつかず判断が遅れてしまう。そうなることで、その後のラリーでも有利に立つことができ、高い確率でポイントがとれる。

POINT 1 フットワークを使って十分な態勢をつくる

攻撃的なロビングを打つには、高い打点で打てる位置に入る必要がある。そのためにはフットワークのすばやさが大切。しっかり足を動かしてボールの落下点に入る。

POINT 2 ボールをできるだけ引きつけてタメをつくる

インパクトのギリギリまで相手にシュートか、ロビングかがわからないフォームが理想。できるだけボールを引きつけて、ボールにドライブ回転をかけていこう。

POINT 3 フォロースルーをとりボールをコントロール

フォロースルーでは「ボールを運ぶイメージ」を持つことで、イメージした通りのロビングが打てるようになる。打ち終わったあとは次の展開の準備のため待球姿勢に入る。

+1 アドバイス

バックハンドの苦手を克服する方法

右肩を内側に入れて、体の前でボールをインパクトしないと、バックハンドのロビングはうまく打てない。重心が後ろ足にあったり、インパクトが体の付近だと、ドライブ回転もかけられず、ミスショットになってしまう。しっかり腰を落として重心移動を心がけよう。

ラケットでボールをカットする

ボールを変化させて相手に強打させない

ソフトテニスのシングルスの試合が広まるつれ、従来のドライブやロブを中心としたストロークに加え、「スライス」という新しいショットが必要になっている。**サービスのセカンドで用いられていたカットの打ち方をラリーの場面でも使用するのだ。**

カットされたボールは、地面につくと大きく変化するので、相手もなかなか強打しにくい。通常のストロークのフォームと同じように打てば、相手を惑わすこともできる。

ダブルスの試合では「打球をコントロールしにくい」「球速が出ない」などの理由で、あまり使われていなかったスライスショットだが、シングルスではラリーにメリハリをつけたり、体勢が悪い時に時間を稼ぐことができるショットとして重宝されている。

PART 2

サービスとボレー

ゲーム開始のサービスで主導権を握る

CHECK POINT

❶ サービスは相手コートの対角線にあるサービスエリアに入れる
❷ ファーストサービスが失敗したら、セカンドサービスを打てる
❸ 相手が返しにくいコース、高さ、速さを意識する

相手の返しにくいサービスを打てることが勝利の条件。

2種類のサービスを打ち分ける

ゲームを開始するショットをサービスという。他のプレーヤーに影響されずに自分の狙いやタイミングで打つことができ、そのあとの主導権を握るには大切なショットとなる。**サービスを打つ人（サーバー）は、サービスを2本打つことができ、最初に打つサービスをファーストサービス、それが失敗して打つサービスをセカンドサービスという。2本とも失敗するとダブルフォルトになり、相手のポイントになる。**

ファーストサービスは主導権を握るために、高い打点からスピードのある攻撃的なボールを打つことが多い。一方セカンドサービスは安全性を重視して、スピードを落としたサービスを打つこと多い。確実に入れるために、低い打点で打つプレーヤーもいる。

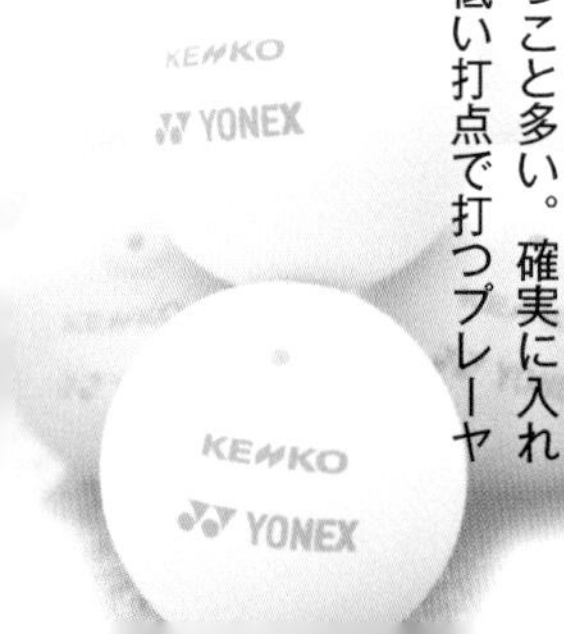

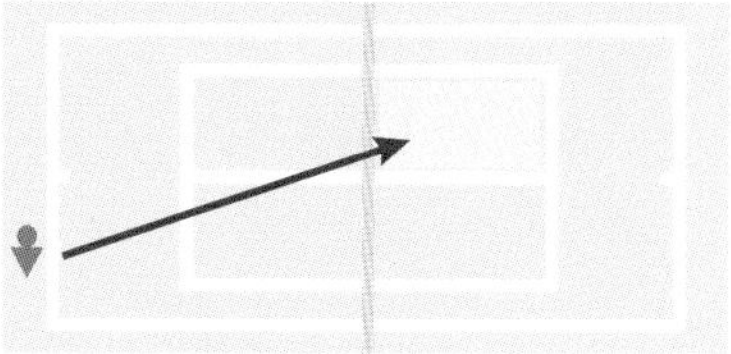

POINT 1 相手コートの対角線にあるサービスエリアに入れる

サービスはセンターマーク右側のエリアから、相手コートの対角線にあるサービスエリアに入れるショット。次のポイントでは左側のエリアから同様に打ち、これを繰り返す。2ポイントごとにサーバーは交代する。

POINT 2 ファーストサービスが失敗したらセカンドサービスを打てる

サービスは2度打つことができる。一度目はファーストサービスといい、強く力のあるボールを打つ選手が多い。ファーストサービスを失敗したら打つセカンドサービスは、確実性を重視する。セカンドサービスを失敗するとポイントは相手のものとなる。

POINT 3 相手が返しにくいコース、高さ、速さを意識する

ファーストサービスは確率が多少落ちても、スピードが速かったり、コースを狙ったり、変化の大きいボールを入れることがポイント。セカンドサービスのミスは失点となるので、確実に入るサービスを心がける。

+1 アドバイス

ペアでサービスのコースや種類を知っておく

後衛がサービスする場合、前衛とのサインのやりとりでサービスを入れるコースや変化の種類などを決めておくことができる。そうすることで、前衛は相手レシーブのコースに先回りしてボレーを決めることもできる。

高い打点からラケットを振りおろす

CHECK POINT

1. トスは高くまっすぐあげる
2. ヒジを伸ばして高い打点からラケットを振りおろす
3. 軽くジャンプしながら、体の前方でボールをインパクト

コースに決めてサービスエースを狙うなど、積極的に攻めたいときにフラットサービスを使う。

軽くジャンプしながら体の前方でボールを打つ

フラットサービスは、高い打点からボールに対してラケットをまっすぐに打ちおろすスピードのあるサービス。ボールの回転が少なく直線的に飛ぶため、サービスの中でもっとも威力のあるボールが打てる。コースに決めてサービスエースを狙うなど、積極的に攻めたいファーストサービスで使うと有効だ。スライスサービスなどに比べると成功率が低いため、セカンドサービスで使う選手は少ない。

ポイントはヒジを伸ばした状態で、高い打点からフラットにラケットを振りおろすこと。軽くジャンプしながら、体の前方でボールをとらえるイメージでインパクトすると、タイミングよくヒットできて、力強いボールが飛んでいく。できるだけ高い位置から打ち下ろす方が有利なため、男子選手や長身のプレーヤーが得意なサービスといえる。

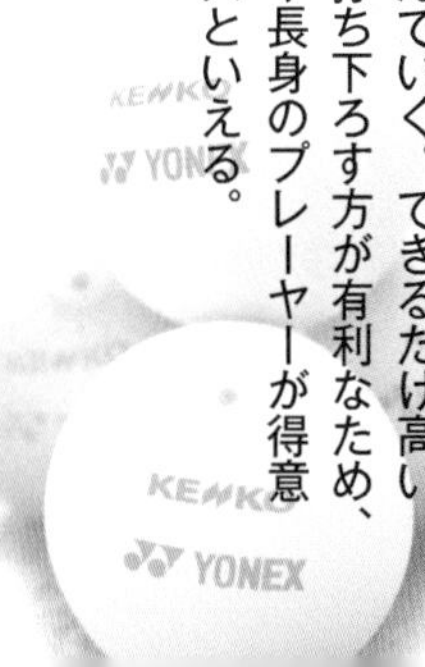

POINT 1 トスは高く まっすぐあげる

トスはまっすぐ高くあげることが大切。できるだけ高い打点でボールをインパクトするためにも、トスの精度は重要になる。トスが短すぎたり、前後左右に流れてしまうと、インパクトが安定せず、サービスの確率も下がってしまう。

POINT 2 ヒジを伸ばして高い打点から ラケットを振りおろす

インパクトではヒジをしっかり伸ばすことが理想。そこからまっすぐ下に振りおろすことで、スピードのあるサービスが相手コートに飛んでいく。ただし打点は、できるだけ高い位置で体のやや前であることが理想だ。

POINT 3 軽くジャンプしながら 体の前方でインパクト

体のやや前でインパクトすると、自分のウェイトも乗った勢いのあるボールが打てる。打点をより高くとるために、軽くジャンプすることも成功のコツ。トスからジャンプ、インパクトへの流れをリズムを体で覚えることで確率がアップする。

+1 アドバイス

トスと面の使い方を チェックする

トスの安定はそのままサービスの確率につながる。まずトスが正しくあげられるように練習しよう。トスが短いと高い打点でインパクトできないばかりか、サービスの角度がつかずミスとなってしまう。正しい打点で打つためにもチェックしたい。

ボールの右斜め上をこするように打つ

CHECK POINT
❶ ボールの上側を叩きトップスピンをかける
❷ トスを体のやや前に高くあげ、ボールの右斜め上をこする
❸ グリップを調整してサービス用に変える

スライスサービスをコントロールして、相手の苦手なコースを狙えばポイントがとりやすくなる。

コースを狙い相手のレシーブミスを誘う

スライスサービスは、ボールの上側を叩きトップスピンをかけるため、ネットを越えるあたりで落下して入る確率が高い。スピードもバウンド後の勢いもあるので、攻撃的に打つファーストサービスとしても、確実に入れたいセカンドサービスとしても使えるサービスといえる。

ポイントは、**トスを体のやや前に高くあげ、ボールの右斜め上をこするようなイメージで打つこと。ヒザをやわらかく曲げてタメを作り、体を反らせて全身のバネを使ってスイングする。**するとラケットのスピードがあがり、強烈なトップスピンをかけることができる。スライスサービスを正確にコントロールできれば、相手の苦手なコースを狙ったりして、ゲームの主導権を握ることができる。しっかりとマスターしておきたい。

POINT 1 ボールの上側を叩き トップスピンをかける

トスはフラットサービスと同じように高くあげ、タイミングよく体の前でインパクトする。インパクトではボールの上側をこすってトップスピンをかけ、相手コートに正確にコントロールすることが大切となる。

POINT 2 トスを体のやや前に高くあげ ボールの右斜め上をこする

ボールにトップスピンをかけるときは、右斜め上をこするようなイメージで打つ。インパクトの瞬間はヒジが伸びきった高いところ。そうすることで、前進回転のようなスピンがかかったサービスが相手コートに決まる。

POINT 3 グリップを調整して サービス用に変える

グリップはストロークやボレーで使うウエスタングリップよりもイースタングリップの方が適している。自分でサービスを打って試し、確率の高いグリップで練習することが大事。また実際に相手がとりにくいか、どうかもポイントになる。

+1 アドバイス

力のあるスライスサービスを打つために

確率を重視するスライスサービスといっても、力感は大切。インパクトする瞬間に姿勢が後傾になったり、打点が近すぎるとパワーがうまく伝わらない。正しいフォームの流れをチェックしてみよう。

ボールの左側を打ってシュート回転させせる

CHECK POINT
❶ 相手のバックハンド側に切れていくボールを打つ
❷ ほかのサービスと使い分けて相手を惑わす
❸ 手首をひねりながらボール左側を打つ
8
YONEX

リバースサービスは、バウンド後の変化で相手をまどわすこともできる。

ほかのサービスと合わせて相手を混乱させる

リバースサービスは、ファーストサービスはもちろん、打点を少し低くして、スピードを抑えれば、セカンドサービスとしても使えるサービス。スピードの出るフラットサービスよりもスピードは落ちるが、入る確率が高く、バウンド後の変化で相手をまどわすこともできる。またクロスで打つ場合、レシーバー側からするとバックサイド側に切れていき、バウンドも低いので対処が難しいやっかいなサービスになる。

右利きの場合、**手首を親指側にひねりながらインパクトしてボールの左側を打ち、ボールにシュート回転を与える。**筋力に不安がありサービスのスピード不足に悩んでいる人でもマスターしやすく、ほかのサービスと使い分けることで、相手レシーブを混乱させることができる。

KENKO
YONEX
KENKO
YONEX

POINT 1 相手のバックハンド側に切れていくボールを打つ

シュート回転するボールがサービスエリアに決まれば、相手はバックハンドのレシーブを余儀なくされる。しかもボールが外に切れていくので対応が難しい。相手のバックハンドが狙い目の場合、積極的に打っていくと面白い。

POINT 2 ほかのサービスと使い分けて相手を惑わす

スピードのあるフラットサービスやバウンド後に大きく弾むスライスサービスと使い分けることが効果的。相手の目先を変えるサービスとしても戦術的な価値がある。勝負所で使える精度が必要なところだ。

POINT 3 手首をひねりながらボール左側を打つ

インパクトの瞬間からフォロースルーでは手首をひねりつつ、親指が下を向くようになる。ボールの左側を厚く切るほど、ボールにシュート回転がたくさんかかる。切る度合いが大きくなるほど、回転量と変化は多いが確率は低くなる。

+1 アドバイス

サービスのフォームはほかと同じように

トスにはじまりフィニッシュまでのフォームは、ほかのサービスと変わらない。ボールを切ることを気にしすぎて、打点が後ろになったり、前に行き過ぎては相手コートにサービスを入れることができないので注意しよう。

落下するボール下から横に切る

CHECK POINT

1. グリップを短く持ち、かがんで構える
2. 落ちるボールを下から切るように打つ
3. 確率によってファースト・セカンドサービスで使い分ける

インパクトしたボールは左右に揺れたり、相手コートで弾んでも低く、不規則に変化する。

確率によってファーストかセカンドサービスか使い分ける

アンダーハンドサービスは、かがむような姿勢から低い打点からボールを切るように打つ。このサービスはボールとラケット面の接触時間が長いため、打球に多くの回転を加えることができる。**勢いよくカットして大きく変化させればファーストサービスに使え、ボールの回転数を抑えれば、確率の高いセカンドサービスとしても有効だ。**

レシーブ側からすると、スピンのかかり具合で変化が違うので、レシーブどころか、ラケット面の中心に当てることすら難しい変化もある。グリップの握り方や力の入れ加減、カットの仕方によって、ボールの変化する度合いが変わるので、練習の中で自分のポイントをマスターしなければならない。

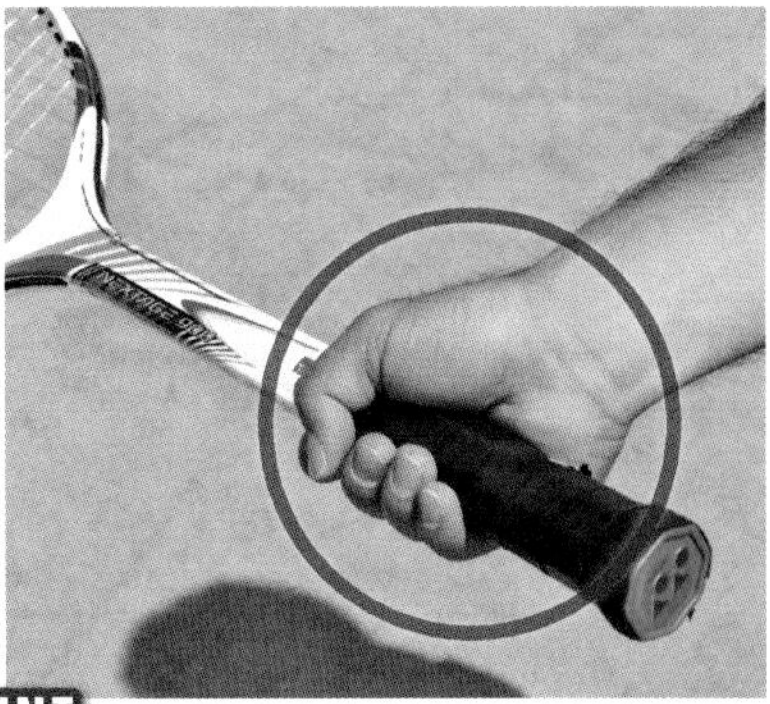

POINT 1 グリップを短く持ちかがんで構える

グリップはやや短く持つ。スタートの構えもかがんだ状態がスタートの姿勢となる。力任せにカットするのではなく、ラケット面とボールの接地時間を長くすることがポイント。そのためにスイング自体がコンパクトになる。

POINT 2 落ちるボールを下から切るように打つ

トスはあげず、落下するボールの下側を横から切るようにヒットする。トスを落とす位置は、利き手側の下を打点とするように。ボールを運ぶようなイメージでフォロースルーをとるとコントロールしやすい。

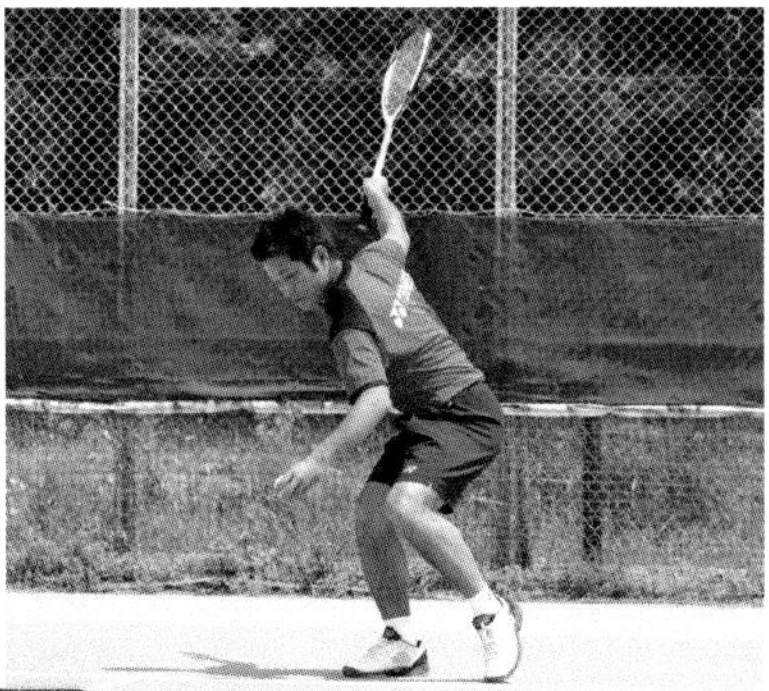

POINT 3 精度によってファースト・セカンドサービスを使い分ける

アンダーハンドサービスは、回転量が少ないと相手にとってはレシーブしやすい。逆に回転量の多いサービスは精度が低いというデメリットもある。確率と威力でファーストサービスにするかセカンドサービスにするかを使い分ける。

+1 アドバイス

遊びを通じてコツを学べ

はじめから実戦で使えるサービスは打てない。まずは遊びのなかでラケット操作やカットの仕組みに馴染んでおくと、サービスを打つ際のヒントにつながる。あとは練習を通じて自分のモノにしていくことがマスターのコツ。

ノーバウンドでボールを打つ

CHECK POINT
❶ フォアハンド・バックハンドともにボレーできるようになる
❷ 前後左右の動きの中でボレーを決める
❸ 相手の攻撃に対してボレーで対処する
❹浮き球は豪快にスマッシュで決める

どんな場面でもボレーを決めることができれば、勝負どころでのポイントをとり、ゲームで勝利することができる。

あらゆるショットが打てれば 前衛の活躍の場は広がる

ボレーとは相手の打球をノーバウンドで打ち返すショット。ストロークと同様に右利きで、右側に来たボールを処理することをフォアハンド、左側に来たボールを処理することをバックハンドという。**ボレーは相手プレーヤーからもっとも近い位置でボールを打つため、素早い判断と機敏な動作が要求される。**しかしマスターすればラリー展開を断ち切って、ポイントをとるなど、ゲームを左右する大きな武器になる。

ボレーの種類は、高さによって頭より高い位置のハイボレー、ネットより低い位置でのローボレー、左右に移動しながら打つランニングボレーなどがある。状況に応じたボレーができるように、ラケットさばきやフットワークなどをしっかりマスターしよう。

POINT 1 フォアハンド・バックハンドともにボレーできるようになる

ストロークと同じようにボレーにもフォアハンドとバックハンドがある。それぞれ打ち方やポイントは異なる。得点はもちろん、勝敗を左右するショットだけに、どちら側にボールが来てもしっかりボレーできることが大切。

POINT 2 左右の動きの中でボレーを決める

ゲームの流れの中で華麗にランニングボレーをしたり、浮き球を豪快にハイボレーで決めることは、まさに前衛の醍醐味といっていい。左右の動きや後方へのボールを決められる力があれば、ペアの力量は大幅にアップするだろう。

POINT 3 相手の攻撃に対してボレーで対処する

前衛のウィークポイントとなるのが、サービスやレシーブ後にネットへつめる動きのなかでボレーする場面。このような状況ではローボレーを使う。またネット際で至近距離からのアタックには守備的なボレーで対処することもある。

POINT 4 浮き球は豪快にスマッシュで決める

スマッシュは相手が打った浮き球を、後方にさがりながら上から叩く打ち方。前衛はもちろん、コートでのポジショニングによっては後衛も使うショットだ。チャンスボールだけにミスは許されないショットといえる。

ラケットをコンパクトに振る

CHECK POINT

❶ ヒザを軽く曲げて肩の力を抜いてボールを待つ
❷ ラケットをコンパクトに振り、足を一歩踏み出す
❸ 壁を押し出すようにスイングする

基本ボレーで足の動きやスイングなどを身につけることが上達の近道だ。

基本ボレーができて応用のプレーにつながる

フォアハンドの基本ボレーは、ボレーの基礎となるテクニック。実際の試合では、相手もポイントを奪いにくるため、処理しやすい正面へのボレーが来ることは少なく、前後左右への動きが必要となる。しかし難しいボレー自体も、基本ボレーの動作ができることが条件となる。そのためボレーをマスターするには、まずは基本ボレーで足の動きやスイングなどを身につけることが近道だ。

フォアハンドに限らずボレーのポイントは、ラケットをコンパクトに振ること。インパクトはラケット面で壁を作って、打つというよりその壁を押し出すようにスイングする。相手のボールにすばやく反応するには、ヒザを軽く曲げて重心をツマ先に乗せ、肩の力を抜いてリラックスした状態でボールを待つ姿勢をとる。

POINT 1 ヒザを軽く曲げ 肩の力を抜いてボールを待つ

前衛がネットにつめたときの待球姿勢は、軽くヒザを曲げて重心はややツマ先に乗った状態。肩に無駄な力を入れず、リラックスして構えることが大事だ。この状態にあれば、どんなボールにもすばやく反応ができる。

POINT 2 ラケットをコンパクトに振り 足を一歩踏み出す

ラケットのスイングはコンパクトが基本。ラケットをスイングする右腕にあわせて、右足を前にステップする。ネットに対しては踏み出しても足が当たらない距離を保つ。遠すぎるとネットミスの原因となるので注意。

POINT 3 壁を押し出すように ラケットをスイングする

スイングは押し出すようなイメージを持つことが大切。ラケット面で壁をつくり、踏み出した足とともに、体全体で壁を押し出すような形にする。この手と足の動きはすべてボレーの動作に共通する基本といえる。

+1 アドバイス

手打ちは ミスの原因

基本的なボレーで、ラケットだけ振ってしまう「手打ち」はミスの原因。打点が安定せず、ラケット面でしっかりミートできないこともある。押し出すような手の動きにあわせ、足を一歩踏み出してスイングすることを意識しよう。

体を横向きにして肩を入れて打つ

バックハンドは利き腕の遠いところでボールを打つため、ラケットの面づくりが難しい。

CHECK POINT

❶ 体を横向きにしてバックスイングする
❷ 肩を入れてから体の前でインパクトする
❸ スイングと同時に一歩踏み出す

肩を入れてからスイングを始動する

バックハンドのボレーは、利き腕の反対側の遠い位置でボールをインパクトするため、ラケット面の安定や力加減が難しくなる。しかし試合でもよく使うテクニックなため、狙った場所に確実に落とせるようになると、ポイントをとりにいく積極的なプレーが可能。逆に苦手とすると、相手に狙われてしまうことになる。

右利きの場合、片足を横に出して体を横向きにしながらバックスイングする。このとき、利き腕側の肩が前に出る分、バックハンドのボレーでは、フォアハンドのボレーよりも打点が前になる。バックスイングではボールのスピードを見極め、速いボールにはバックスイングを小さく、遅いボールにはやや大きめにバックスイングをとるのがポイントだ。

POINT 1 体を横向きにして バックスイングする

フォアハンドと決定的に違うのがバックスイングのとり方だ。体を横向きにして肩を入れるようにしてバックスイングをとるのがポイント。このとき利き腕の反対側の足を横に向けるとスムーズにバックスイングがとれる。

POINT 2 肩を入れてから 体の前でインパクトする

肩を入れるようにバックスイングしたところから、ラケットを振りおろしインパクトへ向かう。インパクトする場所は体の斜め前あたり。決して大振りせず、ラケット面をしっかり意識してミートを心がけよう。

POINT 3 スイングと同時に 一歩踏み出す

軸足は横に向けた状態からバックスイングにあわせるように、ステップする足を軽く引く。そこからラケットのスイングと同時に足を一歩踏み出していく。ネットに近すぎず、離れすぎず一連の動きがとれるようポジショニングしよう。

+1 アドバイス

しっかり足を動かして ボレーする

上体のみでスイングすると手打ちになり、ラケットの面にしっかり当たらなくなってしまう。これはボレーミスの原因。足をステップさせてラケット面を全身で押し出すようなスイングを心がけよう。

高い打点からコンパクトにスイング

フォアハンド、バックハンドともに打てると前衛の活躍のエリアが広がる。

CHECK POINT

❶ フットワークを使ってすばやく落下点に入る
❷ ボールとの距離感やタイミングをあわせてインパクト
❸ ラケットを大振りせずコースを狙って打ち返す

あまくなった浮き球をコンパクトにコースへ打ち返す

ハイボレーは、頭よりも高い打点からボールを打つテクニック。腕を伸ばして体から離れた場所でインパクトするので、ボールとの距離感やタイミングのとり方が難しい。しかし相手のロビングが甘くなったときやチャンスボールの浮き球を確実にポイントにつなげるためには、マスターしたいテクニックだ。フォアハンドはもちろん、バックハンドでも打てるように練習しよう。

ポイントは基本のボレーと同じように、ラケットを大振りせずにコンパクトに振って、コースを狙って打ち返すこと。すばやく落下点に入るフットワークも重要になる。インパクトの位置が高いと、打点が後ろにいきがちだが、ラケットの面をやや下に向けて、体の前で処理すると勢いのあるボールを打てる。

POINT 1 フットワークを使ってすばやく落下点に入る

高いボールに対してボレーする場合は、すばやく落下点に入るフットワークも重要。そこで自分がボレーするのか、後衛に任せるのか、アウトのボールなのかを瞬時に判断する必要もある。待球姿勢から集中してボールを見よう。

POINT 2 ボールとの距離感やタイミングをあわせてインパクト

体から離れた場所でインパクトするので、ボールとの距離感やタイミングのとり方が難しい。インパクトの位置が高いと、どうしても打点が後ろになりがちだが、ラケットの面をやや下に向けてなるべく体の前で処理したい。

POINT 3 ラケットを大振りせずコースを狙って打ち返す

チャンスボールの浮き球を確実にポイントにつなげるためには、フォアハンド・バックハンドともに打てるようにしよう。基本のボレーと同じように、ラケットを大振りせずにコンパクトに振ってコースを狙って打ち返すことが大切。

+1 アドバイス

コンパクトなスイングでコースを狙う

スマッシュと違ってスイングに時間的な余裕がないハイボレーでは、チャンスボールだからといって、大振りしてしまうとミスの原因になる。相手コートの空いているコースに打てるよう、足を動かしてコンパクトなスイングを心がけよう。

ボールを乗せるように下から上に振る

ヒザをやわらかく曲げてタメをつくり、大きくフォロースルーをとる。

CHECK POINT

❶ ボレーする際は止まってボールを打つ
❷ 下から上にボールを乗せるようにラケットを振る
❸ バックハンドは半身となって打つ

足元を狙われたボールはローボレーで対処する

ローボレーは、腰より低い打点でボールを処理するテクニック。サービスのあとにネットにつめていくときや、足元を狙われたときに使うテクニックで、ポイントを狙いにいくというよりは、守備的な目的で使われることが多い。**打点が低くネットに引っ掛けやすいため、ボールを持ちあげるようにラケットを振ることがポイント。**インパクトはドライブ回転かけることで、相手が返しにくいボールとなる。

ローボレーの成功のカギは、ヒザをやわらかく使うこと。特に軸足に体重を乗せたときに、ヒザをやわらかく曲げてタメをつくる。下から上にボールを乗せるようにラケットを振り、大きくフォロースルーをとってボールをコントロールしよう。

POINT 1

ボレーする際は止まってボールを打つ

前衛がサービスまたはレシーブした後に、相手が狙ってきた足元のボールは、前に出ながらボレーするとミスの原因となる。しっかり足を止めてボールを待ち、そこからスイングすることを心がけよう。

POINT 2

下から上にボールを乗せるようにラケットを振る

足を止めた待球姿勢からラケットを下から上へ振り抜く。強打するのではなく、ミート中心でボールを乗せるようにするのがポイント。ラケットを下から上に振り抜くことで、ボールにドライブ回転をかけていこう。

POINT 3

バックハンドは半身となって打つ

バックハンド側にきたボールにも同じように対応する。待球姿勢では足を止め、そこからバックスイングに入る。バックスイングは半身となって、利き腕側の肩を入れた状態に。そこからラケットを下から上へ振り抜いていく。

+1 アドバイス

足を動かしてラケットを振る

前に出るフットワーク同様に、スイングでも足を使う。相手が狙ってきたボールに対して足を動かさず、前のめりになってしまっては正確にボールを返せない。ラケットだけで手打ちとならないように注意しよう。

絶好のタイミングで動き出す

攻撃的でポイントを決めるテクニックといえるランニングボレー。

CHECK POINT

❶ 最後は足を踏み出してボレーする
❷ 来たボールに逆らわずボレーする
❸ 動き出しは相手がボールをインパクトする瞬間

相手が打ったストロークに動き出してボレーする

ランニングボレーは、相手が打つストロークに対して動きだし、3～4歩くらいのフットワークで打つボレーのこと。攻撃的かつポイントを決めるテクニックといえる。フットワークはフォアハンドが左足から、バックハンドは右足から動き出すとスムーズにいく。フットワーク自体が大きいと、スピードやコースに反応できないため、細かいステップで相手が狙ってくるコースに先まわりしてボレーしよう。

相手が打つ前に動き出すと逆をつかれ、抜かれてしまうこともあるので注意が必要。動き出しは、相手がボールをインパクトする瞬間を目安にする。また軸足に重心を乗せてタメを作れるようになると、左右や高低のボールに対応できるようになる。

POINT 1 最後は足を踏み出してランニングボレーする

ランニングボレーは、ネットからやや離れた位置からスタートする。3～4歩のフットワークを使い、ボールの来るところに入りボレーのスイングに入る。このとき足をしっかり踏み出していくことが大切だ。

POINT 2 来たボールに逆らわずランニングボレーする

ボレーはフォアハンドまたはバックハンドで打つコースに対して、二つの方向がある。基本的には空いているコースを狙うことが大切で、来たボールに対して逆らわないスイングをすることでボレーミスが減る。

POINT 3 動き出しは相手がボールをインパクトする瞬間

ランニングボレーの動き出しは重要なポイント。理想は相手ストロークのインパクトの瞬間。そこから一気に動きだし、ボールの来る方向に入る。動き出しが早すぎてしまうと、空いているコースを狙い打たれてしまう。

+1 アドバイス

足を動かし ミート中心で打つ

ランニングボレーでも手だけのスイングはミスにつながってしまう。相手ストロークに対してうまくスタートが切れれば、チャンスボールにすることもできる。しっかりミートを心がけよう。

チャンスボールを確実にものにする

CHECK POINT

❶ 足を動かしてすばやく落下点に入る
❷ ミートを心がけ高い打点でボールを打つ
❸ 深いボールはジャンピングスマッシュで打つ

左手でバランスをとり、体をねじった力でボールを打つ。

浮き球を高い打点から振り下ろして打つ

スマッシュはロビングやレシーブミスなど高くあがったボールを、頭より高い位置でインパクトする攻撃的なショット。得点に結びつきやすく、見た目にも派手なので、前衛のプレーの見せ場ともいえる。しかし確実にポイントに結びつけるには、力いっぱいラケットを振るのではなく、落下点に入るフットワークとミートするラケット操作が求められる。

相手からのボールは、スピードや回転、またコースによってもさまざま。**スマッシュはそれらをすばやく判断して、ボールの落下点に移動しタイミングよくラケットを振ることが大切**。フットワークではヒザにゆとりを持ち、左手でバランスをとりながら、体が開かないように注意。インパクトでは、体をねじるようにして全身の力をボールに集中させよう。

POINT 1 足を動かして すばやく落下点に入る

相手の返球が浮き球になったら、すばやく落下点に入りスマッシュの体勢をとる。自チームのストロークに対して、相手の打つ体勢から浮き球が来るという読みも大事になる。それによってスタートが違ってくる。

POINT 2 ミートを心がけ 高い打点でボールを打つ

左手をあげてバランスをとりながら、体をねじってバックスイングをとる。ねじった体を戻しながらインパクトではミートを心がける。高い打点でヒットできれば、ボールに角度がついて相手は返すことが難しい。

POINT 3 深いボールは ジャンピングスマッシュで打つ

相手の返球がやや深い場合は、インパクト前に軽いジャンプを入れて打つ、ジャンピングスマッシュも有効だ。ジャンプするタイミングとインパクトをあわせなければならない上級テクニック。しっかり練習してマスターしよう。

+1 アドバイス

バックハンドスマッシュで さらにレベルアップ

バックハンド側の浮き球は相手の狙いどころ。やや甘くなってもバックハンドのスマッシュで叩くのは難しい。そのようなボールを後衛に任せるのもひとつだが、練習からトライして身につければ大きな武器となる。

ウェア選び

ひと昔前は、白いえり付きシャツに白いテニスシューズが定番だったが、今ではカラフルなウェアやシューズが各メーカーから発売している。ウェアは着心地がよく、汗をすばやく吸収して蒸発させる素材を使ったものがあり、機能性も大幅に向上している。シューズについても土や人工芝、屋内などコートの形状にあったいくつかのタイプがあるので、試合会場にあわせてチョイスが必要になる。とはいえ、中高生のアマチュア選手については、テニスウェアの規定は大会ごとによって異なるのが現状だ。試合前に事前にチェックして、部活単位またはペア単位でウェアを揃える必要がある。

ウェアは大会規定などにより着用できないタイプもあるので、事前に確認しよう。

涼しい時期の試合には体を冷やさないためにトレーニングウェアの着用は必須。チームで揃えよう。

PART 3

試合で勝つためのテクニック

試合でのフォーメーションを知る

CHECK POINT

1. ラリー中は役割が明確な雁行陣が基本
2. 前衛のレシーブ時も雁行陣がセオリー
3. 前衛のサービス時は平行陣が基本

試合状況に応じてフォーメーションを変え、持っている力を出せるのが強いペア。

基本の雁行陣と応用の平行陣を理解する

ソフトテニスのフォーメーションには、大きく分けて「雁行陣」と「平行陣」の二つがある。雁行陣は二人のペアがコートの前後に位置するもの。前衛はネットにつめて正しいポジショニングをとれば、テニスコートの3分の2、後衛はベースライン付近に位置し、コートの3分の1をカバーすることになる。**試合中は状況に応じて前衛と後衛がポジションをそれぞれ移動するが、基本のポジショニングはこの雁行陣となる。**

一方、平行陣はペアが横に並ぶ形となる。ネット際につめてボレーをしたり、ベースライン付近でストロークを打ったりという応用のフォーメーションといえる。

POINT 1 ラリー中は役割が明確な雁行陣が基本

ペアが前後に位置するもっともポピュラーなフォーメーション。後衛がベースライン付近で打ち、前衛がネット際でボレーするという役割が明確な雁行陣は、基本的な形だけに戦術や得点パターンも多彩でより実戦的だ。

POINT 2 前衛のレシーブ時も雁行陣が基本

前衛がレシーブをする場面では、相手のボレーに対応するために、後衛がやや前に出る雁行陣をとるのがセオリー。前衛はレシーブした後はすぐに前に出て、後衛はボレーされないと判断したらベースラインまで下がって基本の雁行陣に戻る。

POINT 3 前衛のサービス時は平行陣が基本

ペア同士が横に並ぶ形の平行陣には、攻撃的な「ネット型」と守備的な一面もある「ベースライン型」がある。前衛がサービスを打つ場面では、ベースライン型の平行陣をとり、サーブ後に前衛が前に出て雁行陣になるのがセオリー。

+1 アドバイス

戦術や展開に応じてフォーメーションを変える

試合では、ゲーム戦術や相手ペアの特性によって、雁行陣と平行陣を使い分けていくことになる。また、ラリーの展開によっては、クロスやストレートなど打ち合う形も変わってくる。ペア同士のポジションを意識しながら動くことが大切だ。

後衛が相手後衛に対してサービスするケース

後衛のファーストサービスは確実にポイントをとりたい場面だ。

CHECK POINT

1. サービスはミドルコース狙いが基本
2. 前衛は相手レシーブを読んで動く
3. ランニングボレーでポイントを奪う

3球目のボレーで積極的に攻撃する

後衛がサーブを打つゲームでは、後衛がベースライン付近に位置し、前衛がネット際につめるオーソドックスな雁行陣が基本となる。強いファーストサーブを厳しいコースに打って相手のレシーブを崩すことができれば、その後のラリーを有利に進めることができる。また、甘く返ってきたレシーブを前衛がボレーして得点を決める「3球目攻撃」も仕掛けやすいパターンだ。

ただし、後衛のサービスが甘くなったり、前衛が準備を怠っていたりすれば、せっかくの有利な条件をムダにしてしまうことになる。特に相手の後衛がレシーブをするポイントでは、コースや位置取り、ショットそれぞれにミスのないプレーを意識することが大切だ。

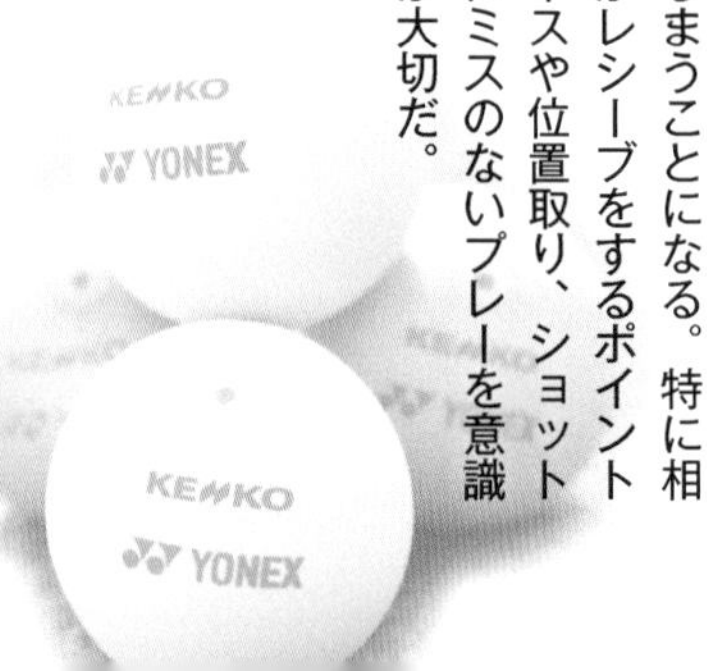

POINT 1

サービスは ミドルコース狙いが基本

右利きの相手後衛にファーストサーブを打つときには、ミドルコースを狙うのがセオリー。相手にバックハンドか回り込ませてレシーブさせることで、ボールが甘くなり、前衛がボレーできるチャンスが広がる。

POINT 2

前衛は 相手レシーブを読んで動く

前衛は相手後衛がバックハンドか回り込んでレシーブを打つことを想定して、3球目攻撃（ボレー）を狙う準備をする。あまり早いタイミングで動き出すとバックサイドを抜かれたりロブで逃げられたりするので注意する。

POINT 3

ランニングボレーで ポイントを奪う

前衛はコート中央に甘く返ってきたレシーブをランニングボレーかスマッシュで打ち返す。狙いは相手の後衛側のサイドライン寄りか前衛の足もとが基本。確実に打てるボール以外は無理に狙わず、後衛に任せる。

+1 アドバイス

相手後衛に コースを絞らせない

ファーストサービスはミドルコースがセオリーだが、時折コースを変えて相手に的を絞らせないようにしよう（ペア同士で事前に狙いを確認しておくこと）。また、セカンドサービスでは、前衛の位置取りや動き出しのタイミングを変えることも必要だ。

後衛が相手前衛に対してサービスするケース

レシーブが甘くなれ
ばボレーのチャンス
が生まれる。
YONEX

CHECK POINT
❶ サービスを前衛のクロスへ打つ
❷ 前衛は相手レシーブを読んで動く
❸ クロスへのボレーで得点する

最も有利な攻撃パターン
確実に得点を奪いにいく

後衛が相手前衛に対してサーブを打つケースは、一般的に最も有利な攻撃パターンだといえる。強いファーストサーブを厳しいコースに打って相手前衛のレシーブを崩し、相手ペアの陣形が整う前に、甘く返ってきたボールを前衛がボレーして、着実にポイントを奪うようにしたい。

逆にここで凡ミスをしたり、ボールをつながれて長いラリーに持ち込まれたりするようだと、ゲームの展開が苦しくなってしまう。

後衛はサーブ、前衛はボレーのそれぞれのプレーにおいて、強さとコントロールに十分気を配りながら、なるべくサーブから3球以内に勝負を決めるつもりで攻撃的にプレーしよう。

KENKO
YONEX

POINT 1 サービスを前衛のクロスへ打つ

右利きの相手前衛へのファーストサーブの狙いはクロスがセオリー。バックハンドか回り込ませてレシーブさせることで、ボールが甘くなり、前衛がボレーできるチャンスが広がる。

POINT 2 前衛は相手レシーブを読んで動く

前衛は相手前衛がバックハンドか回り込んでレシーブを打つことを想定して、3球目攻撃（ボレー）を狙う準備をする。ただし、自分のフォアサイドを抜かれないように動き出しのタイミングに気をつけること。

POINT 3 クロスへのボレーで得点する

前衛は甘く返ってきたレシーブをバックハンドのボレーでクロスに打ち返す。狙いは前に出てくる相手前衛の足もとかサイドライン寄り。来たボールに逆らわず、ミート中心のボレーを確実に決めることが大切だ。

+1 アドバイス

バックハンドのランニングボレーは早めの始動を心がける

バックハンドのボレーは、利き腕と反対側でボールをインパクトするため、微妙なボールコントロールや力加減が難しい。しっかりフットワークを使って早めに準備動作に入り、テイクバックもやや早めにすることが成功のコツ。

前衛が相手後衛に対してサービスするケース

前衛のサービスで効率よくポイントをとれれば、勝利に近づくはずだ。

CHECK POINT

1. サービスをクロスへ打つ
2. 前衛はすばやく前に出る
3. 後衛のストロークで決める

サーブした後の前衛が狙われないようにする

前衛がサービスを打つゲームでは、前衛と後衛がベースライン付近で横並びになる「平行陣」でスタートするのがセオリーだ。前衛はサーブをした後に前に出て雁行陣に変化するが、このとき前衛の足もとを狙われやすいので、**ファーストサーブではクロスまたはセンターの厳しいコースを狙い、前に出る際はボレーの準備をしっかりしておくようにしよう。**

もし、サーブで相手後衛のレシーブを崩すことができたら、後衛が強いストロークを打ってポイントを奪うチャンスとなる。前衛が相手前衛の視界を遮るような位置取りをして、後衛のショットをサポートすることも大切だ。

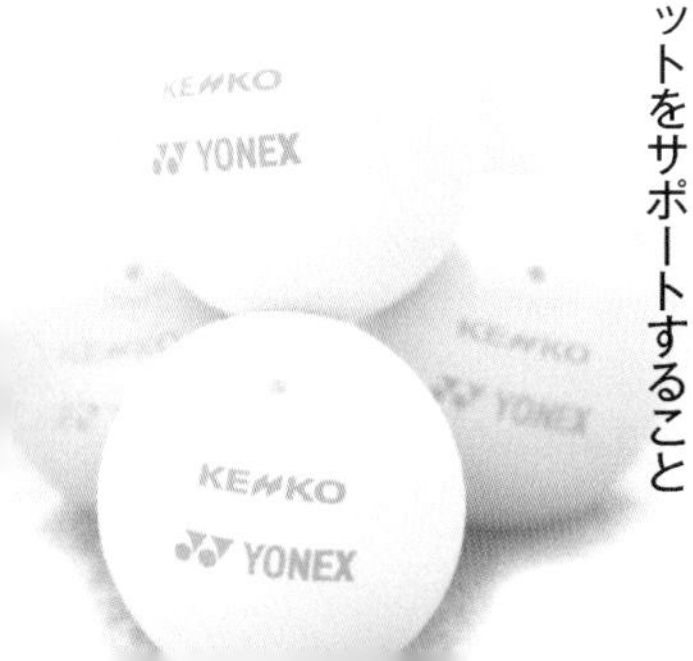

POINT 1 サービスをクロスへ打つ

平行陣の形から前衛がサーブする。対角線上のクロスに打つのがセオリー。特にファーストサーブでは厳しいコースを狙おう。角度がつくほど、相手後衛はクロスにレシーブするのが難しくなり、戻りが遅くなってスペースが空きやすくもなる。

POINT 2 前衛はサーブ後にネットへ

前衛はサーブした後に前に出るが、相手後衛のレシーブをボレーすることを想定して、位置取りや体勢を整える。後衛も同じく相手の位置や動作を確認しながら次のストロークに備えて準備する。

POINT 3 後衛のストロークで決める

前衛は、相手のレシーブをボレーできないと判断したら、ネット際につめて後衛のストロークに備える。後衛は、相手ペアの位置取りを確認した上で、強いストロークを打ってポイントを奪いにいく。クロスまたは逆クロスを狙うのがセオリー。

+1 アドバイス

前衛が相手前衛の視界を遮る

後衛がストロークを打つ際、前衛がわざと相手前衛の正面に位置取りすることで相手の視界を遮り、ボレーの準備をしづらくすることができる。前衛は後衛のストロークのインパクト音に合わせて姿勢を低くし、ボールに当たらないようにすること。

前衛が相手前衛に対してサービスするケース

前衛対前衛のサービス、レシーブはいかにネットへつめるかがカギ。

CHECK POINT

1. サービスを前衛のクロスへ打つ
2. 前衛はサーブした後すぐに前に出る
3. 前に出る相手前衛を狙って得点する

相手前衛のレシーブを崩してチャンスをつくる

前衛が、相手前衛に対してサービスを打つゲームでは、ペア同士が横並びになる「平行陣」をとるのがセオリーだ。サーブをした後に前衛が前に出て雁行陣に変化するが、このとき、**前衛の足もとやバックハンド側を相手前衛の強いレシーブで狙われないようにするため、相手前衛のバックハンド側にサーブを打つことも基本となる。**

また、得点を奪うチャンスをつくるためにも、ファーストサーブを厳しいコースに打ち込み、相手前衛のレシーブを崩したり、出足を遅れさせたりすることが大切だ。セカンドサーブにおいても、相手前衛にバックハンドや回り込ませてのレシーブをさせることで、その後のラリーの主導権をつかむことができる。

POINT 1

サービスをクロスに打つ

横並びの平行陣の形から前衛がサーブを打つ。相手前衛にバックハンドか回り込ませてレシーブさせるようにクロスに打つのがセオリー。相手前衛は強いレシーブやロブを打つのが難しくなり、出足も遅くなりやすい。

POINT 2

前衛はサーブした後すぐに前に出る

前衛はサーブした後に前に出るが、相手前衛のバックハンドのレシーブがコート中央に来てローボレーすることも想定して、位置取りや体勢を整える。後衛も同じく相手の位置や動作を確認しながら次のストロークに備えて準備する。

POINT 3

後衛のストロークで決める

前衛は、相手のレシーブをボレーできないと判断したら、ネット際につめて後衛のストロークに備える。後衛は、相手ペアの位置取りを確認した上で、強いストロークを打つ。レシーブ後に前に出てくる前衛の足もとかサイドライン寄りを狙う。

+1 アドバイス

前に出た前衛のボレーに注意

サーブから3球目の後衛のストロークで相手前衛の足もとを狙う攻撃は、相手の出足が遅れたときに仕掛けることが大切だ。ロブなどの深いレシーブで相手前衛が前に出てしまった場合は、バックハンド側へのパッシングショットを狙ってもいいだろう。

相手後衛のサーブを後衛がレシーブするケース

相手後衛のサービスをしっかりレシーブすれば、主導権を握ることができる。

CHECK POINT

❶ 基本の雁行陣でサーブを受ける
❷ 相手後衛のストロークに備える
❸ 前衛のランニングボレーで得点する

相手の「3球目攻撃」を防いでボールをつなぐ

相手後衛のサービスゲームは、相手ペアが最も積極的に攻撃を仕掛けてくるゲームとなることが多い。特にファーストサーブでは、こちらのレシーブを崩した上で、相手前衛のボレー、もしくは後衛のストロークでポイントを奪いにくる「3球目攻撃」をさせないように、**レシーブの精度を高めるように努力しなければならない。**

また、前衛と後衛が連係して互いのプレーエリアをカバーし合うことも大切だ。レシーブ自体の良し悪しは個人の技術次第だが、ボールをつないでラリーを長引かせることも、レシーブゲームでの最大のポイントだと考えよう。

POINT 1
基本の雁行陣でサービスを受ける

後衛のレシーブ時は雁行陣を組む。右利きの後衛へのファーストサーブは、バックハンドでのレシーブになるミドルコースに来ることが多く、相手前衛にボレーされないように、相手後衛のサイドライン寄りのシュートボールか、深めのロビングで返す。

POINT 2
相手後衛のストロークに備える

後衛のレシーブがボレーされない場合は、その後後衛同士のラリーが続くことが多い。前衛はコートの3分の2をカバーするようにポジショニングを小刻みに移しながら、攻撃的なボレーの機会を待つ。

POINT 3
前衛のランニングボレーで得点する

前衛は、相手後衛のストロークが甘くなったところでコート中央でのランニングボレーで得点を狙う。狙いは相手前衛の足もとか、サイドラインの浅め。動き出しのタイミングが早すぎると、相手後衛にパッシングショットを狙われてしまうので注意。

+1 アドバイス

セカンドサービスはサイドラインを狙う

フォアハンドで強く打てるコースへ来たセカンドサーブは、相手後衛をサイドライン寄りに走らせるようにレシーブを打つ。角度がつくほど、相手後衛が次のショットでカバーできるエリアが狭くなり、得点したりラリーの主導権を奪ったりすることができる。

相手後衛のサーブを前衛がレシーブするケース

相手後衛をロビングのレシーブで走らせて主導権を握る。

CHECK POINT

❶ 雁行陣で前衛がレシーブをする
❷ 相手後衛を走らせてスペースをつくる
❸ 相手のスペースを狙って得点する

相手前衛がボレーできないコースにレシーブを打つ

前衛がレシーブをする場面では、相手前衛の3球目攻撃（ボレー）に対応するために、後衛がやや前に出る雁行陣をとるのがセオリー。前衛はレシーブした後はすぐに前に出て、後衛はボレーされないと判断したら下がって基本の雁行陣に戻る。

このケースで最も大切なのは、相手の前衛にボレーされないコースに前衛がきちんとレシーブを打つことだ。相手後衛は、特にファーストサーブではバックハンドでレシーブさせようとしてくるが、ただ打ち返すだけではなく、角度をつけて相手後衛側のサイドライン寄りを狙ったり、ロビングで相手前衛の頭を越したりする。**セカンドサーブでは、より精度の高いレシーブを打って、相手後衛を走らせてチャンスをつくろう。**

POINT 1 雁行陣で前衛がレシーブをする

レシーブをする前衛よりもやや前寄りに後衛が位置して相手前衛のボレーに備える雁行陣がセオリー。レシーブをした後は、相手前衛のボレーに注意しながら、前衛と後衛が各々すばやくポジションを移して基本の雁行陣に戻る。

POINT 2 相手後衛を走らせてスペースをつくる

前衛のレシーブは、相手前衛がボレーできないコースに打つことが鉄則。特に、相手前衛の頭を越してサイドライン寄りの深いところへ落ちるようなロビングなら、相手後衛を走らせて逆サイドに大きなスペースをつくることができる。

POINT 3 相手のスペースを狙って得点する

サーブした相手後衛が逆サイドへのロビングで大きく走らされたことで、相手前衛がカバーしなくてはならないエリアが拡大し、スキが生まれやすくなる。後衛はそこを狙って強いストロークを打ち、得点を奪いにいく。

+1 アドバイス

ロビングの打ち合いになったら我慢比べ

レシーブで、サーブした相手後衛の逆サイドの深いところへロビングを打ったとき、相手後衛が戻る時間を稼ぐために、ロビングを打ち返してくるケースもある。こんなときは無理に攻撃せず、打ち合いで相手のミスやスキが生まれるのを辛抱強く待つのもよい。

相手前衛のサーブを後衛がレシーブするケース

後衛のレシーブは相手前衛のサーバーが、出てくるところを狙えばチャンスになる。

CHECK POINT

❶ 基本の雁行陣でサーブを受ける
❷ 相手前衛の足元を狙いローボレーを打たせる
❸ そのボールをボレーかスマッシュで打ち返す

相手の陣形が整う前に攻撃を仕掛ける

相手前衛のサーブを後衛が受けるケースは、相手前衛のサービスやストロークの力が比較的低いという条件がつくものの、レシーブゲームの中で最も攻撃が仕掛けやすいゲームだといえる。

相手ペアはベースラインに並ぶ平行陣からスタートし、**サーブした後に相手前衛が前に出るタイミングは、その足元やペアの中間のエリアにスキが生まれやすくなる。**そこを狙って相手前衛にローボレーを打たせるようにレシーブをすれば、ポイントを奪うチャンスが生まれるからだ。

ただし、強いサーブやライン際にくるサーブは、あまり狙いすぎるとミスをして、逆に相手のチャンスボールになってしまうことになる。試合状況や相手の能力に応じて、レシーブの狙いを切り替えるようにしよう。

KENKO
YONEX
KENKO
YONEX

POINT 1 基本の雁行陣でサーブを受ける

前衛がネット寄りに位置する雁行陣でレシーブを受ける。後衛は甘いサーブが来たら、前に出ようとする相手前衛の足もとを狙って強いレシーブで返す。強いサーブやバックハンド側へのサーブは、無理せずに相手後衛側の深めのエリアにしっかり返す。

POINT 2 相手前衛の足元を狙いローボレーを打たせる

相手前衛は、足もとを狙われたボールにはローボレーで対応することになるため、ラケットの面が上を向いて浮き球になりやすくなる。できるだけ低い位置でボレーさせるような低い弾道のレシーブを打とう。そうすることでローボレーにミスが出る。

POINT 3 そのボールをボレーかスマッシュで打ち返す

相手前衛からの浮いたボールを、前衛がボレーかスマッシュをして返して決める。狙いは相手前衛の足もとか、サイドライン寄りの浅めのエリア。レシーブした後衛がそのまま前に出てネット型の平行陣となり、相手にプレッシャーをかけるのもよい。

+1 アドバイス

レシーブの狙いどころは他にもある

相手前衛がボレーで返すか、パスして後衛にまかすかを迷うような相手ペアの中間エリアもレシーブの狙いどころだ。右利きの前衛の場合、比較的難しいバックハンドでのボレーになるので判断が遅れやミスが起きやすい。前に出る相手前衛の背後を狙うドライブの効いた速いロブも有効だ。

相手前衛のサーブを前衛がレシーブするケース

レシーブで相手を片側に寄せると、反対サイドはオープンスペースとなる。

CHECK POINT

❶ 相手ペアの中間のミドルコースへ返す
❷ 相手コートにオープンスペースをつくる
❸ そのスペースを狙って攻撃を仕掛ける

相手の後衛を走らせて有利な状況をつくる

相手前衛のサーブを前衛がレシーブするケースでは、レシーブの狙いどころによっては攻撃を仕掛けることができる。強いファーストサーブやバックハンド側の厳しいサーブでは無理に攻撃する必要はないが、甘いサーブが来たら、**相手ペアの中間の深い位置や、前に出ようとする相手前衛の足もとや背後のスペースを狙って打ち、相手ペアに揺さぶりをかけていく。**そうすることで、相手のミスを誘ったり、オープンスペースができてこちらに有利な状況が生まれるはずだ。

ただし、レシーブのコースが少しでも甘くなると、相手前衛にボレーを決められてしまうことになるので、普段の練習からショットの精度をしっかり磨いておこう。

POINT 1 相手ペアの中間のミドルコースへ返す

相手の3球目攻撃のボレーに対応するため、後衛がネット寄りに位置する形の雁行陣でスタートする。前衛は、相手ペアの中間のミドルコース深くを狙い、相手前衛にボレーされないような高さと強さでミドルのエリアにレシーブする。

POINT 2 相手コートにオープンスペースをつくる

相手後衛が右利きの場合、バックハンドか回り込んでのストロークになるため、相手ペアがコートの片側に入る形となり、反対側にオープンスペースが生まれる。この間、前衛はすみやかにネット際につめる。

POINT 3 そのスペースを狙って攻撃を仕掛ける

相手後衛からのボールが甘ければ、前衛がボレーかスマッシュして決める。狙いは相手のオープンスペースか相手前衛の足もと。後衛へのボールとなったら、オープンスペースのサイドライン寄りに強いストロークを打って決める。

+1 アドバイス

ロブでつないで相手を振り回す

相手後衛からのボールに対して攻撃を仕掛ける場合、あえてハードショットをしないで、オープンスペースの深い位置や相手前衛の頭を越すようなロブでつなぐのも有効だ。数回繰り返して相手後衛を振り回すことでスタミナを奪い、その後のポイントを有利に進めることもできる。

シングルスで勝てる選手をつくる

CHECK POINT

1. スタミナとフットワークでラリーを制する
2. センターを起点にフットワークを使う
3. スライスショットをラリーで駆使する

チームとしてシングルスに強い選手を育成する

ソフトテニスの試合は依然としてダブルスが主流だが、シングルスの広がりにより、その重要性が増している。大きな大会では、個人戦だけでなく団体戦にもシングルスのゲームが組み込まれ、チームの勝敗のカギを握ることになっている。

チームや部としてはダブルス戦だけでなく、シングルス戦でも勝てる選手の育成や試合への対策、練習への取り組みが必要になる。

活躍できる選手は、ストロークの強さはもちろん、サービスとレシーブの安定感、そしてラリーを継続するためのフットワークの良さを兼ね備えている。単なるダブルスの延長の試合としてとらえるのでなく、シングルスに特化した選手をつくるぐらいの対策と練習メニューの構築が必要だ。

POINT 1 スタミナとフットワークでラリーを制する

前衛がいないコートで相手と打ち合うシングルスの試合では、スタミナとフットワークが重要になる。いくら強いショットが打てても、一試合を通じて、足が動かなければラリーに打ち勝つことはできない。

POINT 2 センターを起点にフットワークを使う

フットワークの起点となるのがポジショニングだ。コート全面をカバーするためには、どんなボールにも対応できるセンターポジションを意識する。「打ったら戻る」という、すばやいフットワークも必須。

POINT 3 スライスショットをラリーで駆使する

相手のショットで体勢が崩されたり、地面スレスレのボールを拾う際は、スライスショットが有効。ボールをカットすることで、ドライブよりも時間を稼ぐことができ、弾んだ後で変化して相手に強打させない。

+1 アドバイス

相手コートへの打球はセンターマーク手前を狙う

シングルスでは相手コートへの打球もセンターが狙いどころとなる。センターマーク手前でネット上30cm以上の高さが目安。両サイドを狙うよりもミスショットの確率が減る。

センターを起点にフットワークを使う

CHECK POINT
❶ 打球にあわせてスタートを切る
❷ しっかりボールを打って戻る体勢に入る
❸ すばやいフットワークで起点に戻る

球種やスピード、変化、落下点を予測して待つ

ダブルスの場合、味方の前衛の立っている位置や相手が狙ってくるコースに対して、臨機応変に自分のポジションを変える必要がある。

シングルスの場合は相手が返したボールをいかに拾うかがポイントになるので、まずどんなボールにも対応できるポジショニングが大切だ。ベースラインの中央にあるセンターポジションを起点に、相手ボールに対して反応し、打ったらまたその位置に戻るフットワークを身につけよう。

相手コートへの打球は、センターマーク手前がセオリー。サイドを狙いすぎてのミスショットを減らし、相手にも角度をつけたショットが打たれにくい効果がある。

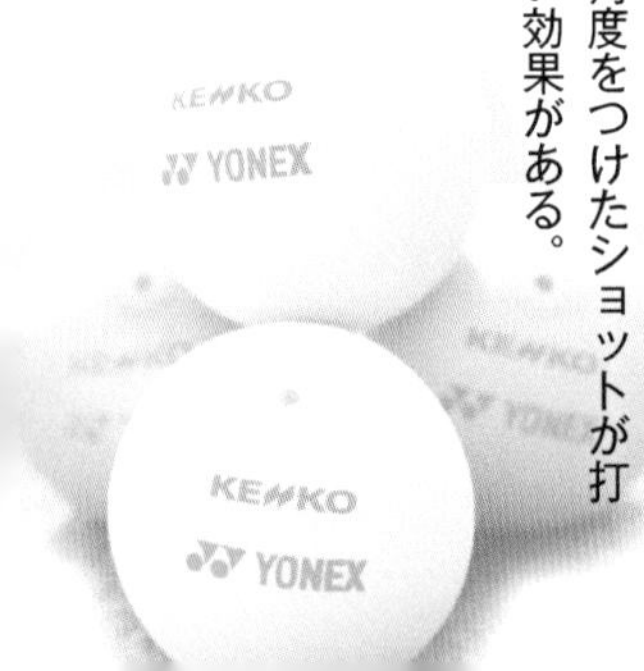

コート右への動き×フォアハンド

POINT 1

打球にあわせてスタートを切る

相手が打ってくるコースをある程度読んで、一歩目のスタートを切る。

POINT 2

しっかりボールを打って戻る体勢に入る

落下点に入ったら腰をしっかり落としてインパクト。打ったら戻る体勢に入る。

POINT 3

すばやいフットワークで起点に戻る

ボールの行方から目を離さずに、フットワークを駆使して元のポジションに戻る。

コート左への動き×バックハンド

POINT 1

打球にあわせてスタートを切る

バックハンド側も同様に、相手が打ってくるコースに向けて一歩目のスタートを切る。

POINT 2

しっかりボールを打って戻る体勢に入る

バックスイングをとりながら、落下点に入り、ボールをインパクト。打ったら戻る体勢に入る。

POINT 3

すばやいフットワークで起点に戻る

ボールの行方から目を離さずに、フットワークを駆使して元のポジションに戻る。

コート前への動き×バックハンド

コート前への動き×フォアハンド

POINT 1

打球にあわせてスタートを切る

相手が打ってくるコースに向けて一歩目のスタートを切る。

POINT 2

しっかりボールを打って戻る体勢に入る

バックスイングをとりながら、落下点に入り、ボールをインパクト。打ったら戻る体勢に入る。

POINT 3

すばやいフットワークで起点に戻る

ボールの行方から目を離さずに、クロスステップを駆使して元のポジションに戻る。

×

「機関車バック」のような、真後ろにさがるようなステップでは、スピードがでない。クロスステップで戻ることが大切だ。

PART 4

状況別
練習メニュー

シングルスの動きを身につける

CHECK POINT

❶ 1対2でラリーを続ける
❷ ショットしたら素早く起点に戻る
❸ ウィークポイントを克服する

どんなボールにも対応できるスタミナとフットワークを身につける

シングルス上達のキーワードは「スタミナ」と「フットワーク」。もちろん、決めにいくときの強いストロークと精度も大切だが、スタミナとフットワークという土台があってのものと理解しよう。

練習メニューも当然、フットワーク重視のものとなる。練習を通じて、**前後左右にボールを大きく振られても、しっかり足を動かして追いつき、正確に返球できるようトレーニングしよう。**元のポジションに戻る動作も体で覚えていく。

またシングルスならではの狙いどころを把握して、試合に生かしていくことも大事。相手からの短いクロスへのボールが、自分のウィークポイントにならないよう対策を練っておく必要がある。

POINT 1 1対2でラリーを続ける

相手コートに2選手が入ってラリーする。シングルス側の選手は返球コースを交互に打ち分けて返すこと。相手となる2選手は決めにいかず、シングルスプレーヤーを大きく動かすショットを心がける。

POINT 2 ショットしたらすばやく起点に戻る

センターに目印を置く。前後左右のボールをショットしたら、目印に戻ってラケットでタッチする。ボールを手で投げる相手役は、ランダムにボールを投げ入れてプレイヤーを走らせる。

POINT 3 ウィークポイントを克服する

短いクロスへのショットは、シングルスの試合で狙いどころとなるポイント。自分の弱点とならないように、プレイヤーは前にダッシュしながら追いつき、クロスに強いボールを返球することを心がける。

+1 アドバイス

得点チャンスを確実にモノにする

強いショットを打って、前に出てきた場面では、得点の機会がやってくることも。あわてず、チャンスを確実にモノにできるようにボレーやスマッシュなど、決めに行くショットも一連の流れで強化しておく。

サービスエリア上に立ち打ちあう

コートを挟んだ二人が、サービスライン付近で打ちあう。

CHECK POINT

❶ ラケットの面を確認してしっかりミートする
❷ フォアハンド、バックハンドども打つ
❸ ドライブやスライスなど打ち方を変える

小さいスペースで ラケットの動きを確認する

コートを挟んだ二人が互いにサービスラインの後ろに立ち、短い距離でラリーを続ける。ただ打ち合うのではなく、ドライブで打ったボールをドライブで返したり、スライスで打ったボールをスライスで返すなどをして、ボールの弾みや変化をチェックする。

状況に応じてドライブとスライスを交互に打ったり、フォアハンドやバックハンドなど打ち方を変えながらラリーを続けることで、ラケット面の作り方や操作も確認できる。

このような乱打は体をほぐすに最適。本格的な練習に入る前のウォーミングアップとして取り入れたい。ラケットを振りながら、その日の体の調子や、日差しや風向きなどの自然状況をチェックしながらやってみよう。

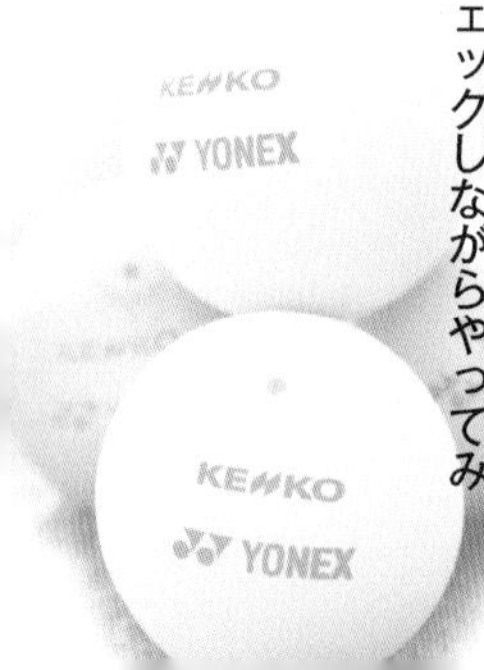

POINT 1 ラケットの面を確認してしっかりミートする

ボールに馴染むために、まず短い距離で軽く打ちあうショート乱打。軽く打つとはいえ、しっかり面をコントロールし、相手が打ちやすいボールを返球。ここではミート中心となるため、大きなスイングは必要ない。

POINT 2 フォアハンド、バックハンドともに打って確認する

コンパクトなスイングの中でもフォアハンド、バックハンドともに感覚を確かめておくことが大事。待球姿勢から足を動かしてボールを返す。距離は短くともフットワークやスイングで手を抜かず体を温めていく。

POINT 3 ドライブやスライスなど打ち方を変える

短い距離のストロークでもドライブ回転をかけたり、スライス回転をかけていく。ドライブで打たれたボールに対して、ドライブやスライスで返すことで、ボールの弾み具合と自分のラケット操作を確認しておくことが大切だ。

+1 アドバイス

1面で3ペア 六人が練習できる

コートを挟んだ二人が互いにサービスラインの後ろに立ち、短い距離でラリーを続ける。返球はサービスエリア内に落とすことが目安。1面で3ペアが練習できる。人数が多い場合は、時間を決めて交代で練習しよう。

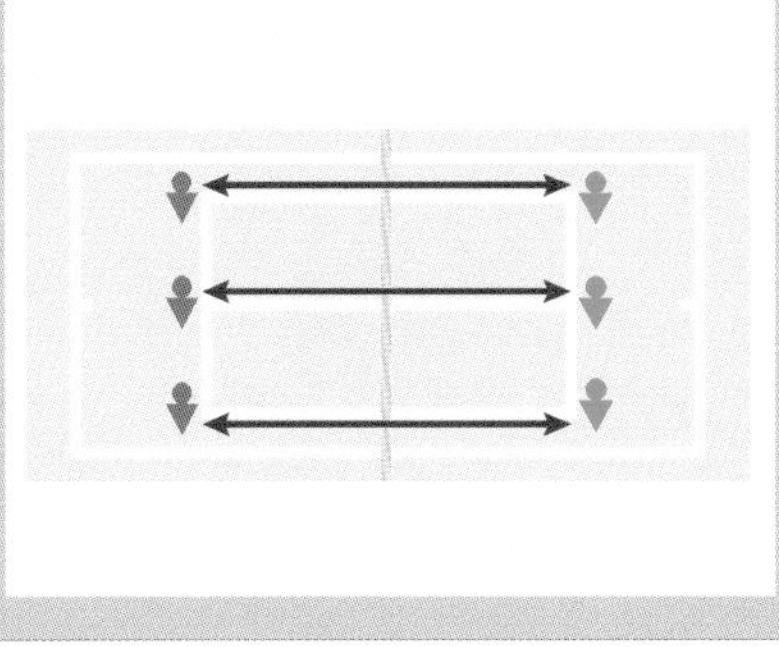

ベースライン付近で打ちあう

CHECK POINT

❶ シュートボールは、フォームを確認しながら打つ
❷ ロビングはベースラインのギリギリの位置に返す
❸ 打ち合いのコースを変えて練習する

1面のコートで3ペアがベースライン付近で打ち合う乱打。

ボールに強弱をつけて実戦をイメージして打つ

1面のコートで3ペアが打ち合う乱打。この練習はソフトテニスでもオーソドックスな練習のひとつ。しかし目的意識を持って練習しないと、単なる打ち合いになってしまう。

打ち合うコースについてはクロスと逆クロス、またはストレートの3コースをローテーションしながら練習することがポイント。その中でもシュートボールやロビングなど、球に緩急や強弱をつける。

シュートボールでは、フォームを確認しつつスピードをあげていくこと。いきなり強打しても自分自身の体が温まっていないばかりか、乱打相手も練習にならない。またロビングも、ベースラインのギリギリの位置に打ち返すことを意識する。風がある場合は、風上と風下を交代しながら打ち合うことで、実戦を想定した練習になる。

POINT 1 シュートボールはフォームを確認しながら打つ

シュートボールはストロークの基本といえる打ち方。まずはこのボールをきちっと打てるようになるための準備からはじめよう。待球姿勢からフットワーク、そしてシュートボールを打つための一連のフォームを確認しながら打つ。

POINT 2 ロビングはベースラインギリギリの位置に返す

ロビングの基本はベースライン深くの位置に落とすこと。乱打の段階からドライブのかかり具合や風向きなどを見て、ボールの飛距離をチェックしておこう。フォアハンドはもちろんバックハンドも忘れずに練習しておく。

POINT 3 打ち合いのコースを変えて練習する

クロスはもちろんストレートでのストロークでもドライブをかけたり、スライスをかけていく。ドライブで打たれたボールに対して、ドライブやスライスで返すことで、ボールの弾み具合と自分のラケット操作を確認しておくことが大切だ。

+1 アドバイス

1面で3ペアがローテーション

1面に3ペアの六人が入って練習する。お互いがベースライン付近に立って打ち合うようにする。1つのコースでの打ち合いは5～10分程度。全てのコースで全員が打てるようにローテーションする。

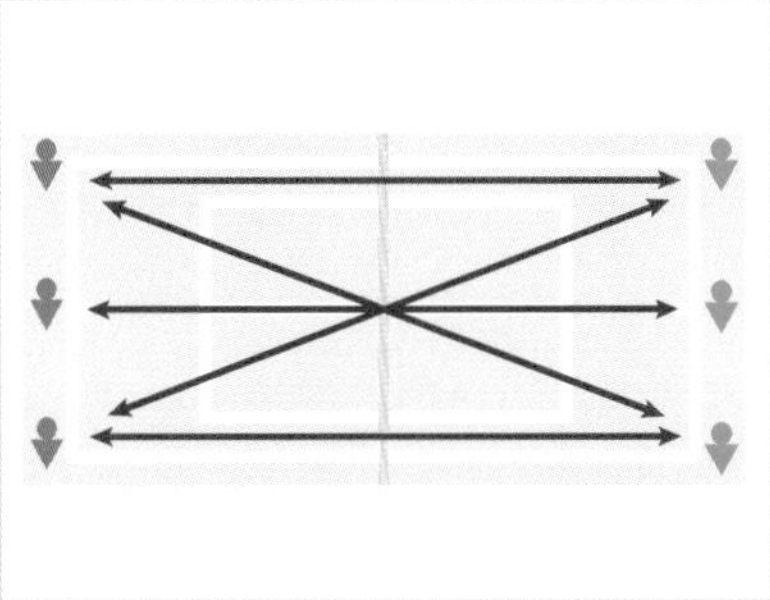

フットワークとテイクバックを身につける

CHECK POINT

❶ フットワークを使ってボールを打つ
❷ テイクバックをすばやくとる
❸ コースを狙って打つ

左右に投げられたボールをテンポよく、フォアハンドまたはバックハンドで打ち返す。

フットワークを使って テンポよく打つ

至近距離にいる球出し役が、手投げしたボールを打ち返す練習。列に並んだ選手たちは、左右に投げられたボールをテンポよく、フォアハンドまたはバックハンドで打ち返す。

おもに後衛のストロークのレベルアップが目的で、左右に球出しのボールが振られるのでフットワークの動きも身につく。**近いところから球出しされるため、すばやくテイクバックをとらないと、正しいスイングができない。**足の動きやフォームの確認しつつ、低く速いシュートボールがコースに打てるよう練習しよう。またストロークする位置をサービスラインにすることで、セカンドサービスや短いボールに対してのうまくドライブ回転がかけられるかが確認できる。

POINT 1 フットワークを使ってボールを打つ

フットワークはストロークでもっとも大切な要素。足をしっかり動かさないと、理想のスイングに入るためのスタンスがとれない。列に並んだ選手たちは、打っては列に再び並んでテンポよくストローク練習を回転させていくことが大事。

POINT 2 テイクバックをすばやく構えをとる

ストロークの中でしっかりテイクバックをとらないと、強いボールが打てず、ショットミスの原因にもなりかねない。スピーディーな球出しに対応するためにも、すばやくテイクバックをとる準備をしよう。

POINT 3 クロス、逆クロス、ストレートコースを狙って打つ

フットワークを使って正しいフォームを打つことができたなら、コースを狙って打ってみよう。自分のなかで狙うコースを決め、クロスや逆クロス、ストレートなど打つ度に狙いを変えてみてもいい。

+1 アドバイス

球出しの位置を変えてドライブ回転をチェック

ストローク練習する選手は、一列に並びベースライン付近で打つ。球出しの位置をネットに近づけることで、セカンドサービスや短いボールに対してのドライブのかけ方も練習できる。

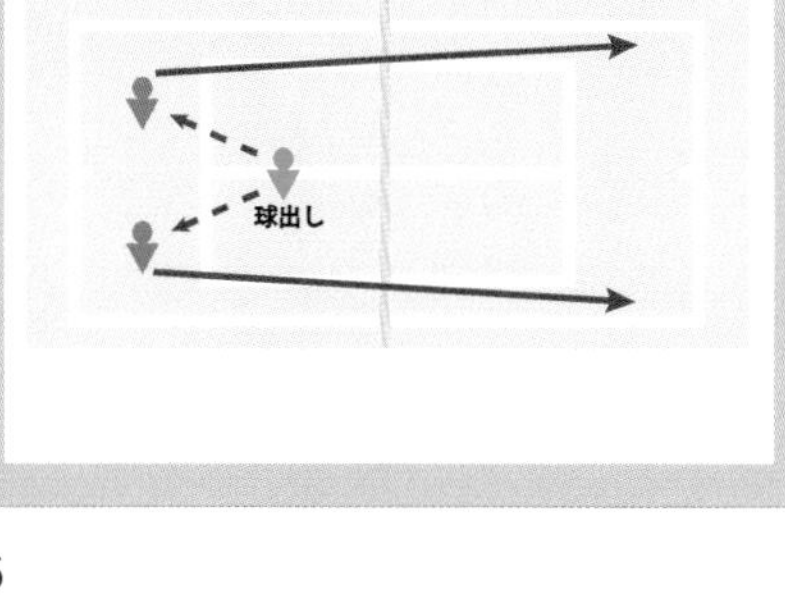

生きたボールをコースに狙い打つ

コートの片側に並び、逆サイド付近に出してもらったボールを順番に打ち込んでいく。

CHECK POINT

❶ ストレートとクロスを打ち分ける
❷ フットワークを使って強いボールを打つ
❸ 回り込んだフォアハンドやバックハンドでも打つ

クロスまたはストレートへボールを狙い打つ

コートの反対側から球出しが打ったボールを打ち返す。**ストレートとクロスに打ち分ける後衛のストローク練習となる。**コートの右側に並び、左サイド付近に出してもらったボールを順番に打ち込んでいく。打ち返すコースは、ストレートまたはクロスどちらでも構わないが、ボールの落下点や自分の態勢などから考えて狙ってみる。

フットワークを使ってボールに近づき、しっかりと足を踏み込んで、相手コートのベースライン付近にスピードのあるシュートボールを決めよう。

また、コートの左側に並び、右サイド付近に出してもらったボールをフォアハンドで回り込んだり、バックハンドでストレートまたはクロスに打つ練習も行う。

POINT 1 ストレートとクロスを打ち分ける

コースへの打ち分けは後衛ストロークの生命線ともいえる。コートの反対側から球出しが打ったチャンスボールを確実に決められるように練習しよう。ベースラインのギリギリのところに強く長いシュートボールを打てるかがポイント。

POINT 2 フットワークを使って強いボールを打つ

チャンスボールといっても、フットワークを使って正しいスタンスかがとれないと強いボールは打てない。まず球出しの打つボールに対して、足を動かし十分なスタンスをとる。そこから狙ったコースに確実に決めよう。

POINT 3 回り込んだフォアハンドやバックハンドでも打つ

得意なショットに磨きをかけたり、苦手なショットを練習したり、選手によってテーマは違う。同じ位置に落ちるボールに対しても、フォアハンドで打ちたい選手は、回り込んだり、バックハンドでもしっかりインパクトする必要がある。

+1 アドバイス

サイドを変えて1人が20球以上打つ

後衛の選手たちは、テンポよくローテーションして、1人が20～30球を打つのを目安とする。打ち終えたらサイドを変えて練習する。球出し側のコートに前衛の選手を立てて、より実戦的な練習にすることもできる。

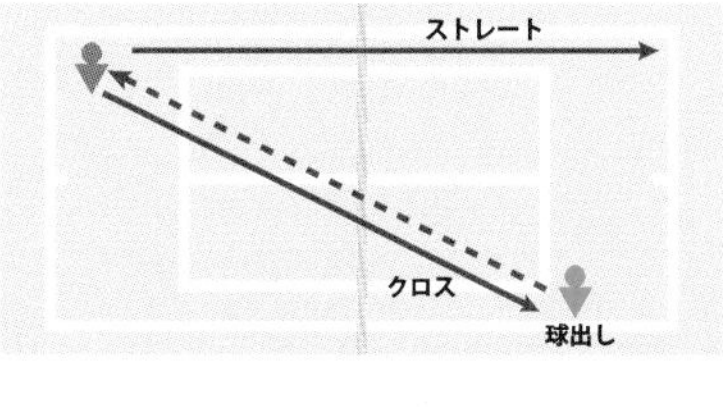

3パターンのボールを確実に決める

クロスとストレートの展開でラリーを想定し、続けて3本打ちをする。

CHECK POINT

❶ クロス展開から3本を確実に決める
❷ ストレート展開ではベースライン付近を狙う
❸ 逆クロスでも深い返球を意識する

足を動かし3本続けてミスなく決める

クロスとストレートの展開でラリーを想定した後衛のストローク練習。球出しは3つの異なる球質でボールを出す。クロス展開の場合は、1球目をセンターへ、2球目をクロス、3球目をゆるいチャンスボールにして出す。

ストレート展開の場合は、1球目はセンター、2球目はストレート、3球目はチャンスボールにして出す。**後衛の選手はしっかり足を動かし、コースは限定せず自由に打つ。3球目のチャンスボールはポイントを決めにいくように、相手コートにしっかり狙いを定めて打つ。**

練習方法としては、クロスとストレートの2つの展開からだが、クロスには逆クロス、ストレートにも左右があるので4パターンの練習ができる。

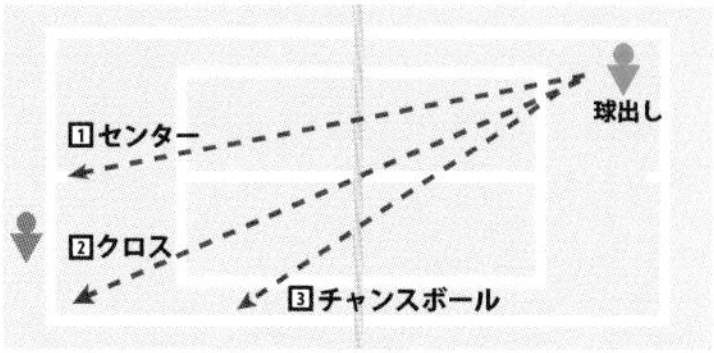

POINT 1 クロス展開から3本を確実に決める

クロス展開の場合は、球出しが打つセンターへのボール、クロスへのボール、チャンスボールをそれぞれ続けて打ち返す。しっかり足を動かして、ボールの落下点に入ることが大切で、特にチャンスボールはトップ打ちで相手コートを狙い打つ。

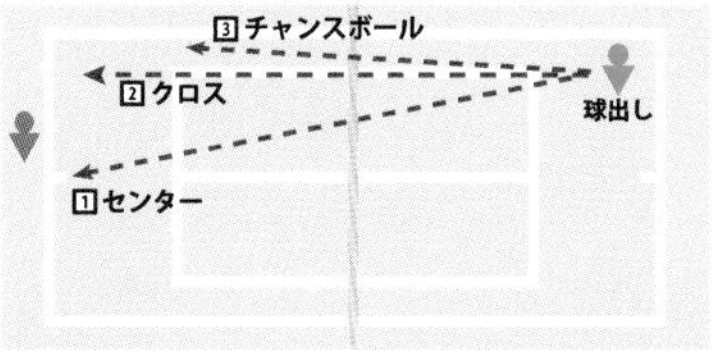

POINT 2 ストレート展開ではベースライン付近を狙う

ストレート展開の場合は、球出しが打つセンターへのボール、ストレートへのボール、チャンスボールを続けて打つ。特にストレートの球は、相手コートの深いところを狙えるように、強く速いボールを意識して打つ。

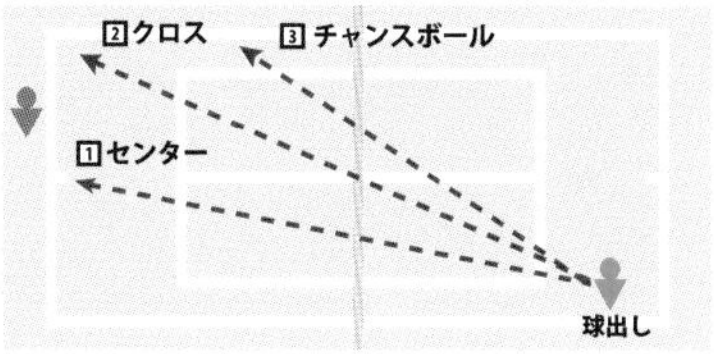

POINT 3 逆クロスでも練習テーマを意識する

逆クロスもこれまでの練習と同様に、目的を意識する。それぞれの球出しにある「つなぐ」「深いところに返す」「確実に決める」というテーマを思い出そう。常に3本とも質の高いボールを打てるように練習する。

+1 アドバイス

弱点克服できる取り組み方

後衛のストロークはどんなコースでもまんべんなく打てることが大切だ。自分の苦手なショットは、一緒に練習している上手な人のフォームを参考に、その場の練習で実践してみるのもよいだろう。

前後にフットワークを使って走る

5球目のチャンスボールは、トップ打ちで決める。

5球目のボールまでしっかり足を動かす

後衛のラリー展開で前後に振られたときのフットワーク練習。球出しは反対コートからクロスにボールを出す。1球目と3球目は短く、2球目と4球目は長く出し、5球目にチャンスボールをあげる。前に出す球はスライス、後ろへはドライブ回転をかけると実戦的。5球目のチャンスボールは、ポイントを決めるトップ打ちが理想だが、それまでの4球で足がバタついていては、ここでしっかり打つことはできない。

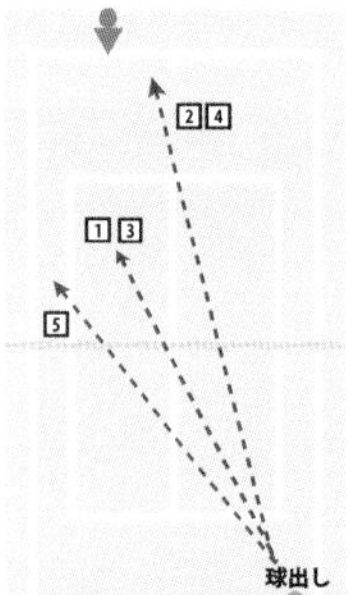

左右にフットワークを使って走る

左右にボールを振られても返球は相手コートの深くを狙う。

フットワークを使ってボールにくらいつく

後衛のラリー展開で左右に振られたときのフットワーク練習。球出しは反対コートからボールを出す。1球目はセンターへ、2球目はストレートへ、3球目は逆クロスへロブで走らせ、4球目は逆クロス、5球目にチャンスボールの順番であげる。この練習は左のストレート展開。その他にも右ストレートやクロス、逆クロスからの展開で練習のバリエーションを増やすことができる。

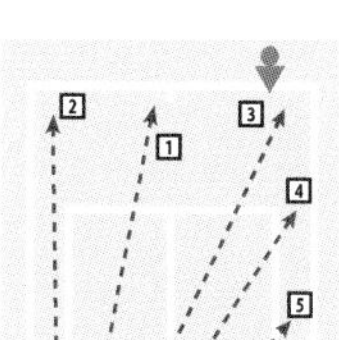

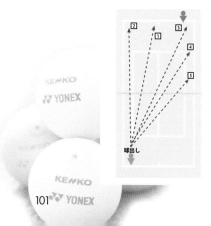

面を作ってボレーする

コートを挟んでペアがボレーをし合う。

状況に応じて面を操作してボレーする

おもに前衛同士がペアとなって行うボレー練習。コートに3ペア6人が入り、サービスエリアのライン付近でボレーを打ち合う。ボレーする際は、面をしっかり作ってミートを心がける。**面が上向きになっている状態は、守備的なボレーとなるのでドライブ回転をかけた低い返球を意識する。**コートや練習人数の状況によっては、後衛同士もペアとなってボレーの練習に取り組んでみよう。

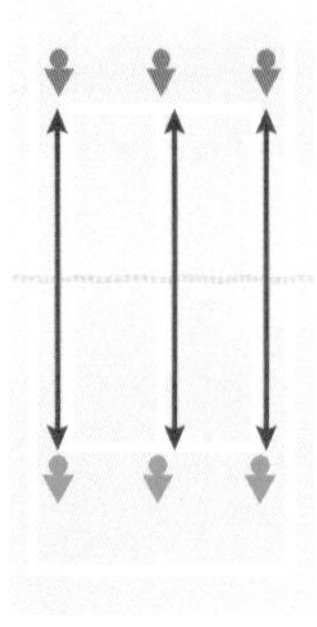

タイミングよく動きだしボレーする

フォアハンドだけでなくバックハンドも練習する。

ボレーを決めるコースも状況に応じて変える

前衛のランニングボレーの練習。球出しはコート手前からボールを出す。コースはクロス、逆クロスに左右ストレートの4つあり、さらにバックハンド側も行うとバリエーションが豊富になる。**ボレーする側は、球出しのスイングに合わせて動きだし、ボレーを決めるコースや位置も状況に応じて変えていく。**ランニングボレーは、試合でポイントを取るための重要なテクニック。しっかり練習しておこう。

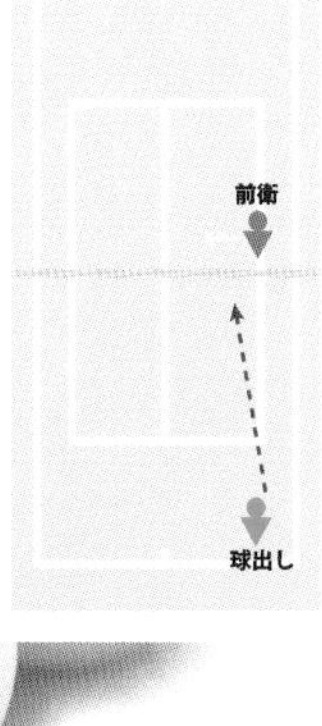

前後にフットワークを使う

ボレーからスマッシュの流れを体に覚えこませることで、実戦でも役立つ。

最後まで足を止めずスマッシュを打つ

前衛は、まずネットにつめボレーを決め、その後すぐに後方にさがりスマッシュを打つ。これは前衛の得点パターンを一連の流れで行う練習で、実戦でもよくあるケース。ボレーへの球出しは、フォアハンド側とバックハンド側に出すパターンがあり、スマッシュは浅すぎず、深すぎない手頃なボールが理想。前衛は最後のスマッシュまで終始フットワークを使って、すばやくボールの落下点に入るようにする。

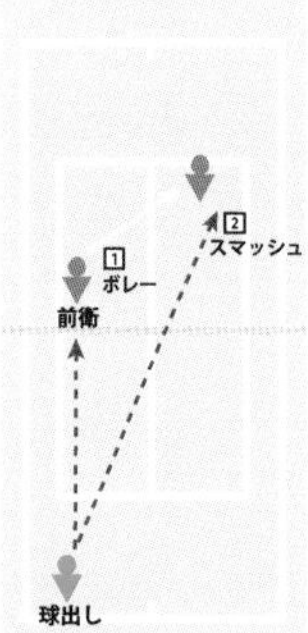

大振りせず確実にインパクトする

バックのハイボレーはミスしやすい技術。普段から反復練習を。

バックハンド側の浮き球を確実に決める

バックハンドのハイボレーは、チャンスボールにもかかわらずミスの多いテクニックといえる。試合でバックハンド側にきた浮き球をしっかり決めるためにも練習は欠かせない。

球出しはバックハンド側に、打ちごろのボールを出す。前衛は一旦ネットにつめたところから、相手に背を向けながら下がり、そのままの姿勢からボールをインパクトする。スイングでは大振りにならないように注意しよう。

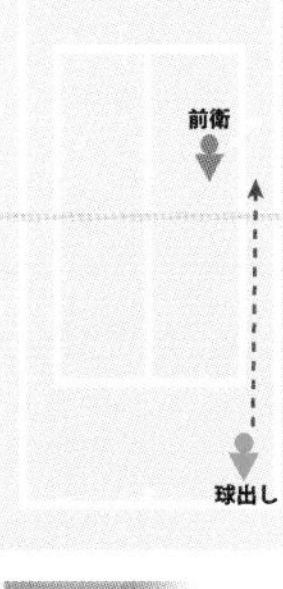

足を止めてローボレーする

弱点としないためにもレシーブとローボレーの練習は必須だ。

レシーブした後に続けてローボレーする

前衛がレシーブした後にネットへつめ、その途中でローボレーを決める練習。実戦では前衛レシーブ後の足元は狙われやすいところ。ウィークポイントとならないためにも、**練習から実戦を想定して、レシーブからローボレーの流れをマスターしておきたい。**後衛サーブは通常のファーストサービスで構わないが、前衛のレシーブはある程度、後衛が返しやすい位置にすること。返ってきたボールは足を止めてボレーする。

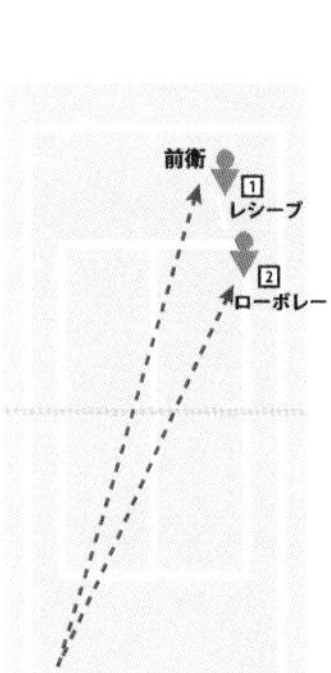

サービス後にすばやく前に出る

前衛のサービス後はすばやくネットにつめないと狙われてしまうこともある。

サービスした後に続けてローボレーする

前衛はサーブ後にネットへつめ、その途中でローボレーを決める。レシーブと同様に実戦では前衛サーブ後の足元は狙われやすいところ。**この練習は前衛側のサービス強化にも積極的に取り入れたい。**サービスは通常のファーストサービスで構わないが、セカンドサービスやサービスの素振りで行う方法もある。サービスを入れるサイドも、後衛側と前衛側の両サイド行うことにより、さらに実戦的な練習となる。

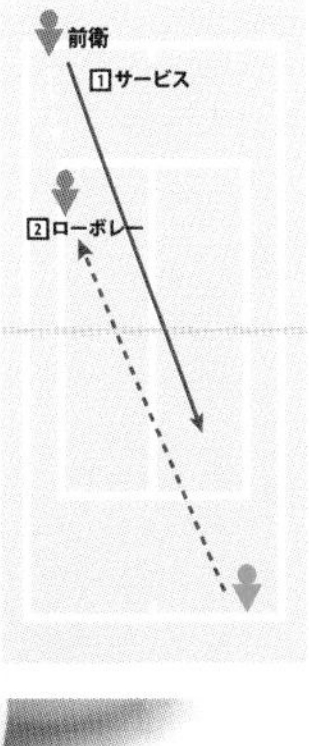

怖がらずネットにつめる

至近距離からのボレーでも恐怖心は持たないよう練習が必要だ。

アタックに対してボレーで反応する

前衛はネット際に立ち、サービスライン付近から後衛が球出ししたボールをボレーする。至近距離でのボレーなので、前衛は待球姿勢をとり準備することが大切。ボールに対しても怖がらず、しっかりネットにつめていく。後衛の球出しはフォアハンド側、バックハンド側、体の正面など打ち分けることが理想だが、前衛にはコースを前もって限定させず、アタックに対して反応がとれることが重要となる。

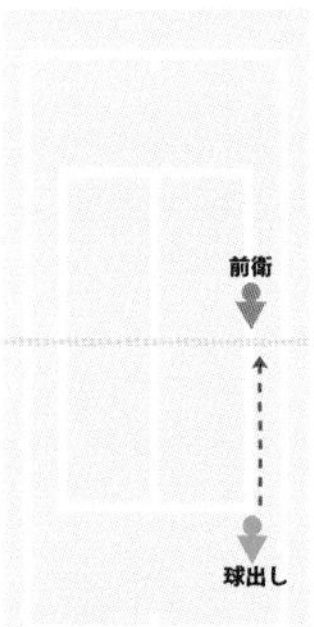

ポイントを左右するアタックを磨く

ボールが落ちた位置によって、前衛・後衛ともに考えてアタックの準備をする。

実戦に近い形でアタックの練習をする

前衛はネット際に立ち、サービスライン付近に落ちたボールを後衛がアタックし、前衛はこれをストップする。前衛のボレーはもちろん、後衛のアタック練習にもなる。球出しは前衛がいるコート側から浮き球をあげ、サービスエリア付近に落とす。生きたボールなのでより実戦に近くなり、球出しのボールが落ちた位置によっては、前衛の立ち位置や後衛の狙うコースを臨機応変にする必要がある。

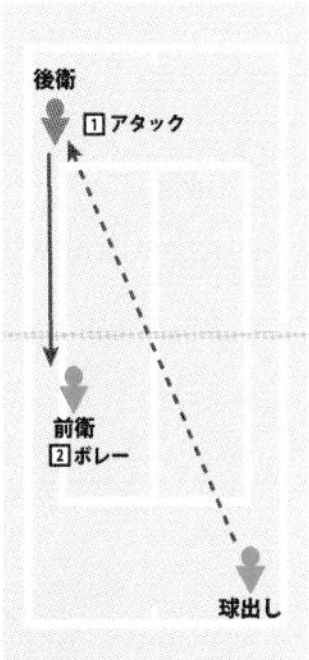

軽いボレーで目を慣らす

ボレー対ボレーでペア同士が軽いラリーをすることも可能だ。

コート外の空きスペースで練習する

会場で自分たちの試合を待つ時間にできる練習。ちょっとしたスペースを使って後衛がストロークし、前衛が基本ボレーで返す。試合当日は時間的な制限もあり、十分なウォーミングアップができない可能性もある。

さらに試合に対する緊張で体が凝り固まってしまい、試合でいつもの実力が出せないこともある。**そんなときは試合会場の片隅など空きスペースを使って、ストロークとボレーやボレーとボレーなどを行うことも有効だ。**

会場によっては、ボールを打つことが禁止されていることもあるので注意しよう。

試合をイメージして素振りする

ラケットを持たなくても試合を想定して素振りしよう。

心の準備を整えるメンタルトレーニング

試合を前に気持ちを集中させるトレーニング。実際にボールを打ったり、ラケットを持つこともないので誰でも簡単にできる。

ペア同士で行う場合、サービスの素振りに対して、レシーブの素振りで返したり、ラリーやボレーの素振りを交互に行い、試合の流れをイメージすることも有効だ。

この練習は他の選手の試合に合わせて、素振りするなど個人でもできる。実際にボールを打つトレーニングと違って、体を温めるというよりは心の準備を整える練習法だ。

試合直前の集中力をあげていきたいタイミングでの導入が効果的だ。

アップしながらステップを身につける

①クイックラン
すばやく両足をマスに入れて、前に進んで行くステップ。

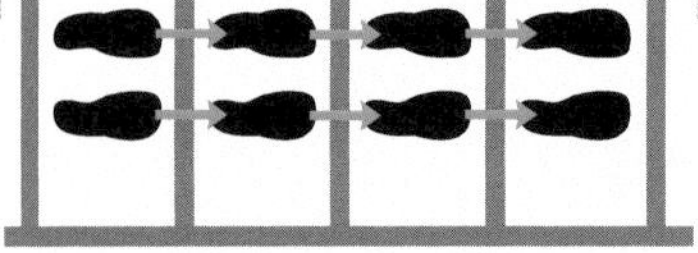

からだを温めながら さまざまな能力を鍛える

ラダーとは、縄ハシゴのような器具を使って行うトレーニングである。ウォーミングアップで行うことでからだを温める効果があり、敏捷性などをアップさせる効果もある。また、脳からの指令でからだを動かす運動神経も鍛えられる。ポイントは足をすばやく細かく動かすこと。正面を向いてよい姿勢を保ちながら、さまざまなステップを踏んでリズミカルなフットワークを身につければ、実戦での脚力もアップするはずだ。

②クロスステップ
左右に重心移動しながら足を大きく交差させ、ラダーをまたぎながら進む。

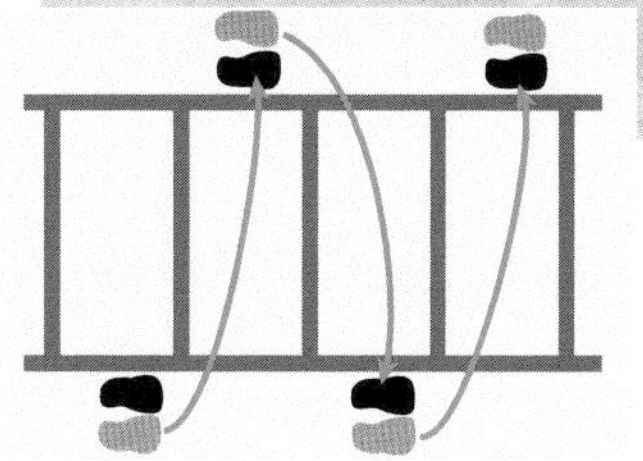

③インアウトジャンプ
ジャンプしてマスの内側に着地。次のマスでは足を開いて外側に着地する。

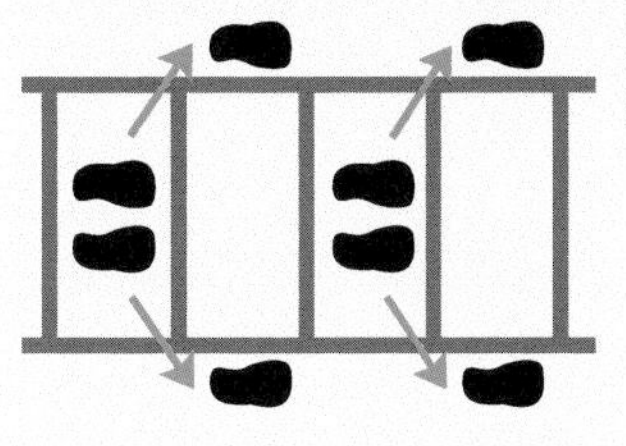

④サイドステップ
ラダーに対して横向きになり、両足を揃えながらサイドステップで横に進む。

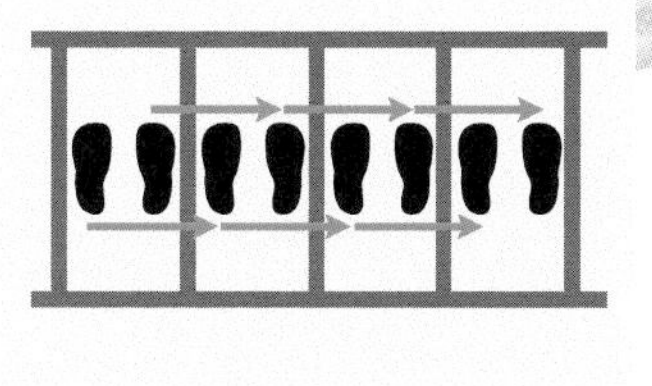

⑤インアウトステップ
マスの外側から内側にステップして両足を揃える。バックステップして外側でも揃える。

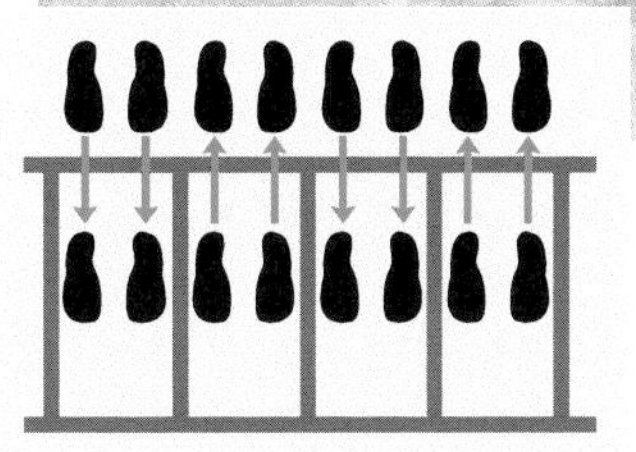

インナーマッスルを鍛える

ゴムチューブは関節内にあるインナーマッスルなどに効果的に働きかける。

筋肉を鍛えるだけでなくストレッチの効果もある

ゴムチューブを使ったトレーニングは、インナーマッスルを鍛えることができる。からだの外側についた見せるための筋肉ではなく、**関節内部のインナーマッスルを鍛えることにより、ケガをしにくいからだになる。**チューブは単純なゴム製なので多彩な運動パターンが可能。かさばらず持ち運びも便利なので手軽に行うことができる。

チューブはものによって伸縮の強度が違ったりもするが、支点を自分で変えることで強度を調節できるものもある。強度が強ければパワーが鍛えられ、弱いものをゆっくりやることでインナーマッスルが鍛えられる。どの筋肉を鍛えるのかを意識して丁寧に行なうことが大切だ。また、大きく動かすことでストレッチの効果も得られる。

両足を大きく開き、両手を左右に
広げた状態から前屈運動。

両足を開き、両手にチューブを
持って左右に回旋運動。

両手でチューブを後ろ向きに持
ち、ヒジを曲げずに両手を前へ。

半身になって両足を開き、ヒジを
動かさずにチューブを引っ張る。

テニスの動きで使う筋肉を鍛える

トレーニングはソフトテニスの動作に必要な筋肉を動かすことが効果的。

個々の成長に合わせたトレーニングを考える

筋力トレーニングは、発育段階に適した運動をすることが大切である。例えば、成長途中で骨格がまだ安定していない時期に、重いバーベルなどの器具を使ったトレーニングや腕立て伏せ、腹筋などを無理にすると、関節や筋肉などを痛める危険性がある。

したがって、個々の成長度合いに合ったトレーニングを考えることが必要だ。**体の中心の軸まわりにあるインナーマッスルを鍛えると体幹が安定し、姿勢が正しく保てたり、スポーツでのパフォーマンスも向上する。**

メディシンボールを使った筋力トレーニングでは、テニスのスイングフォームなどに近い動きをすることで、実戦に使う筋肉を無理なく鍛えられる。

メディシンボール②

からだ全体を使って真上にボールを放り投げる。

目線は真上を向き、徐々にヒザを伸ばしながら狙いを定める。

しっかりと腰を落とし、ボールはなるべく低い位置に持ってくる。

+1 アドバイス 実戦と同じ動きで有効な筋肉を鍛える

ラケットを持ってスイングするのと同じ動きでメディシンボールを投げることで、実戦でスイングするときに使う筋肉が鍛えられるので効果的である。メディシンボールは、なるべく大きな動きで投げることがポイント。

メディシンボール③

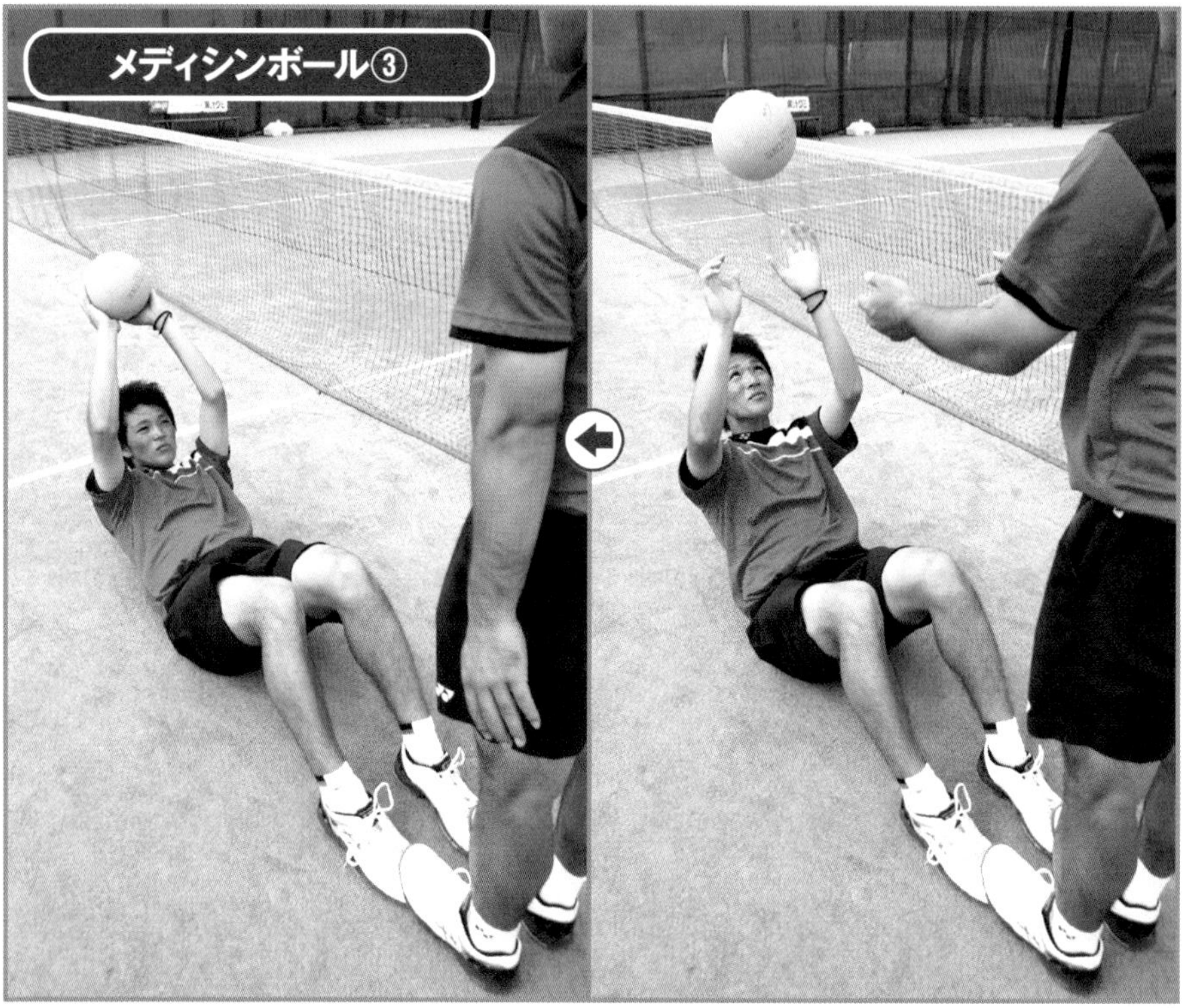

腹筋に力を入れたままで、パートナーにボールを投げ返す。

からだを少し起き上がらせた状態でボールを受ける。

+1 アドバイス　からだを左右にひねりながらボールを投げ返す

パートナーはボールをからだの横に投げる。からだを少し起き上がらせた状態からからだをひねってボールを受け取り、そのままボールを投げ返す。左右交互に行うことで、腹筋をバランスよく鍛えられる。

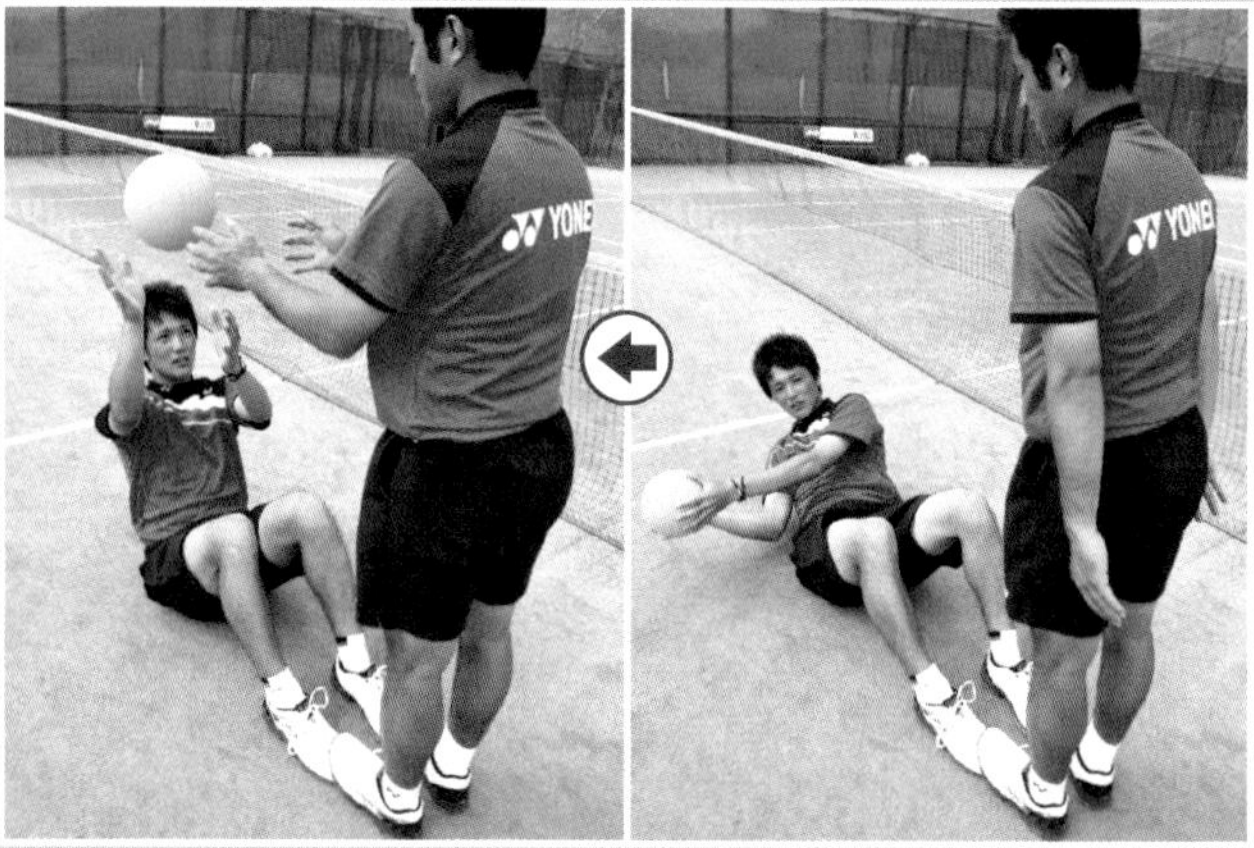

足は地面につけずに、
元の状態に持ち上げる。

パートナーは足を地面
の方向へ思いっきり押す。

パートナーの足首を持ち、
足を垂直に持ち上げる。

+1 アドバイス

腹筋に意識を集中して 20秒間キープする

両手のヒジから上を地面につけ、腕立て伏せのような状態になる。このままでも腹筋などが鍛えられるが、片手を前に伸ばし、逆側の足も地面から浮かせて伸ばす。バランスをとることでインナーマッスルも鍛えられる。

ウォーミングアップとクールダウンを行う

CHECK POINT

❶ 筋肉を伸ばした状態を15秒程度キープし、意識は筋肉に集中
❷ 反動は付けずにじっくり伸ばす。はずみをつけると逆効果にも
❸ 片方だけでなく、左右交互に行って筋肉のバランスを整える

ストレッチを練習や試合前後に行うと、体には好影響がある。

ストレッチにはたくさんのメリットがある

いまやスポーツにはストレッチは不可欠。運動前後の常識となりつつあるストレッチにはさまざまな効果がある。まず、**ウォーミングアップに取り入れることによりその後の運動でのケガを防止する。**

また、競技中のストレッチには緊張を緩和する効果もあり、プレーでのよい結果をもたらすことにもつながる。関節の可動域も広がるのでより大きな動作ができるようになる。

例えば、肩関節の可動域が広がれば、サーブのときなどに大きなスイングができるようになるのだ。**運動後のクールダウンに行うことで疲労を軽減してくれる。**スポーツ中だけでなく、日常的にストレッチを行うことで、柔軟性がアップし、筋力のバランスを是正する効果もあるので積極的に行おう。

首から肩、背にかけてを入念にほぐしていく

肩

顔は正面を向き、伸ばしたい手のヒジの上に逆の手を置いて頭の後ろで組む。ヒジを支点にして引きあげ、腕の筋肉からワキの下まで伸ばす。ヒジをなるべく高い位置に持っていくことで、ストレッチが効きやすくなる。

首

背筋を伸ばし、肩のラインを水平にして、伸ばしたい筋肉と逆側の手で頭をゆっくり引き寄せるようにして倒す。伸ばしたい首の筋肉が持ち上がってしまったり、背中が丸まってしまうと効果がないので注意。

背

頭の上で伸ばしたい方の手首を逆側の手でつかみ、伸ばしたい側の足に重心をかけてゆっくりと上体を横に倒す。このとき、腰から下は動かさずに上半身だけをしっかり伸ばすことがポイントになる。

肩

腕を肩の高さまであげて地面と水平にする。逆側の手でヒジを抱え込み、伸ばす方の内側のヒジを胸につけるように伸ばす。伸ばす方の腕がさがってしまったり、しっかりヒジを抱えていないと効果が得られない。

モモや股関節など下半身をほぐす

腿

片足を前に出し、逆側の足は後ろにして立つ。ヒザを曲げて腰だけを落とす。

股関節

足を広げて立ち、腰を落とす。両ヒジで股関節を目一杯開いてやわらかくする。

股関節

ヒザを曲げずに両足を限界まで広げる。前傾姿勢になり両手で上半身を支える。

足首を前後左右に伸ばしていく

足首

片ヒザで座る。ヒザをつく足は足首を寝かせ逆側はモモとふくらはぎをつける。

足首

肩幅に足を広げて直立する。片方の足首を曲げて、足の外側を地面につける。

手首をしっかりストレッチする

手首のストレッチ

伸ばす方の手を地面と水平になるように前に伸ばし、手首を下方向に軽く曲げる。もう片方の手でゆっくり手前に引く。伸ばす方の手をリラックスさせるようにするのがポイント。手首だけでなく、ヒジのストレッチにもなる。

+1 アドバイス　クールダウンで行えば疲労回復の効果がある

ストレッチは運動前のウォーミングアップに取り入れることで、体を温めたり、ケガを予防する効果がある。しかし運動前だけでなく、運動後のストレッチも体に好影響をもたらすのだ。運動後の疲労感は、代謝物質である乳酸などの蓄積が原因とされている。ストレッチは、血液の流れでこの代謝物質を押し出す働きをもっている。ストレッチをするとしないでは、代謝物質の残留時間に違いがあるというデータもある。毎日の部活動後に軽くストレッチしておくと、疲労回復の時間も早くなり翌日に疲れを残さずにすむ。

シューズ選び

フットワークの安定をはかるためにも足元に注目したい。近年のテニスシューズは形状やソールに工夫が凝らされ、よりアクティブな動作ができるものとなっている。トップ選手はクレーやハードコート、人工芝などの屋外コートや屋内の板面などサーフェイスの違いによって、シューズを使い分けることもある。通常の部活動で使用する場合は、自分のプレースタイルや使用するコートに適したものを選ぶことが大切だ。オールコート用のタイプ、さらに体育館などの屋内で使うタイプも屋外と兼用できる仕様となっている。自分の足にどのシューズがあうのか、また前衛や後衛、練習や試合をするコートによっても違いがあるので、いろいろなシューズを試してみるのが良いだろう。

黄色がオールコート、青色が屋内屋外兼用のシューズ。

監修者
中村　謙 元監督
なかむら ゆずる
昭和33年生まれ　埼玉県出身。巣鴨高等学校から同志社大学に進み、現役時代は後衛として西日本学生選手権大会で個人優勝（昭和54年）するなど活躍。昭和63年から平成9年までは中京大学ソフトテニス部にコーチとして選手を指導。平成10年にはヨネックス女子ソフトテニス部監督となり、数多くの実業団選手を育てる。平成21年からはヨネックス男子実業団が再結成され、監督に就任する。長期にわたって強化に尽力し、ヨネックスソフトテニス部を国内のトップチームに育て上げた。2019シーズンをもって勇退し、社業やソフトテニスを通じた社会活動などに従事している。

〈モデル協力選手 ※2016年当時〉

中村朱里選手
なかむら あかり
昭和63年生まれ
埼玉県出身。和歌山信愛女子短期大学付属高校
東京都選手権3位（平成22年）、井ノ口杯優勝（平成22年）など

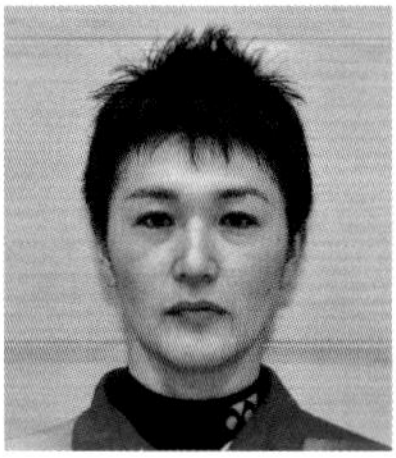

鹿島鉄平選手
かしま てっぺい
昭和63年生まれ
宮崎県出身。都城泉ヶ丘高校ー早稲田大学
全日本学生選手権大会優勝（平成22年）、全日本学生シングルス選手権大会優勝（平成22年）など

森田祐哉選手
もりた ゆうや
昭和62年生まれ
宮城県出身。東北高校ー東北福祉大学
モンゴル国際大会個人・団体優勝（平成21年）など

松口友也選手
まつぐち ともや
昭和59年生まれ
神奈川県出身。東海大学付属相模高校ー日本体育大学
全日本実業団選手権大会3位（平成21年）、国民体育大会優勝（平成22年）など

高月拓磨選手
たかつき たくま
1992年生まれ
世界選手権大会日本代表
2015世界選手権大会複3位、2015世界選手権大会団体優勝など

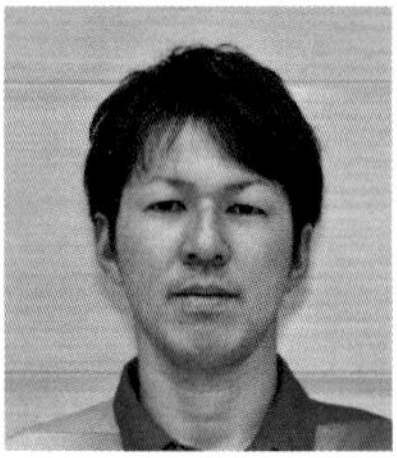

川淵泰直選手
かわぶち やすなお
1986年生まれ
2015全日本実業団選手権3位、2015沖縄インドアソフトテニス大会優勝、2012全日本ソフトテニス選手権大会3位など

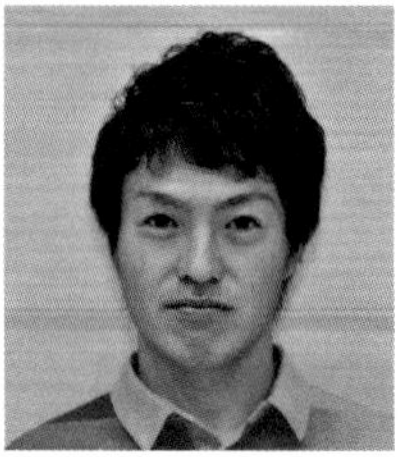

黒羽祥平選手
くろは しょうへい
1988年生まれ
2015国民体育大会準優勝、2015全日本実業団選手権大会3位など

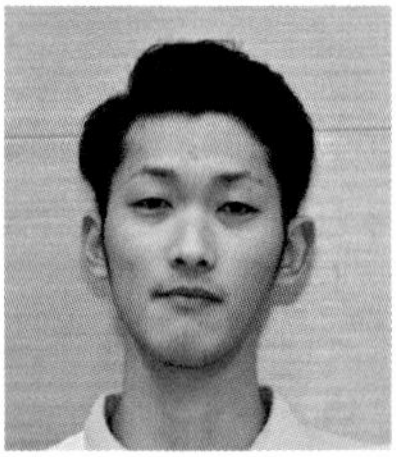

林田和樹選手
はやしだ かずき
1991年生まれ
2015国民体育大会準優勝、2015全日本実業団選手権3位など

山瀬侑希選手
やませ ゆうき
1994年生まれ
2016たんちょう杯釧路大会優勝、2015全日本実業団選手権準優勝、2015全日本女子団体選抜ソフトテニス大会優勝、2014東日本実業団・岩手県選抜対抗インドアソフトテニス大会優勝、2014アジアカップひろしま国際ソフトテニス大会優勝など

神谷絵梨奈選手
かみや えりな
1990年生まれ
日本ナショナルチーム
2016東京インドア全日本大会優勝、2015国民体育大会優勝、2015全日本インドアソフトテニス選手権準優勝など

柿崎あやの選手
かきざき あやの
1990年生まれ
日本ナショナルチーム
2016東京インドア全日本大会優勝、2015国民体育大会優勝、2015全日本インドアソフトテニス選手権準優勝など

森田奈緒選手
もりた なお
1994年生まれ
世界選手権大会日本代表
2016全日本インドア選手権優勝、2015世界選手権大会複準優勝、2015全日本選手権大会優勝など

大井樹来選手
おおい じゅら
1996年生まれ
2016たんちょう杯釧路大会優勝、2015全日本実業団選手権準優勝、2013全日本高校総体3位など

黒木瑠璃華選手
くろき るりか
1993年生まれ
2015全日本実業団選手権大会準優勝、2014東日本選手権大会3位など

ヨネックスソフトテニス部

国内最大手のラケットメーカーであるヨネックス株式会社が運営するソフトテニス部。女子チームは2008年に日本リーグでは優勝したこともある強豪。男子チームは、約20年間休止期間を経て再結成され、平成21年に全日本実業団選手権大会3位、平成23年・平成25年に優勝し同年に日本リーグ入りを果たしている。近年では国内のトップチームとして、女子チームの全日本実業団の連覇や東京インドア・全日本インドアのヨネックス勢男女アベック優勝など、めざましい実績をあげている。
https://www.yonex.co.jp

STAFF
●撮影　柳太
●デザイン　田中宏幸
●編集　GIG
●執筆協力　海川俊世、石川聡
●制作協力　ヨネックス株式会社

部活で差がつく！ 勝つソフトテニス 最強のコツ55

2020年7月30日　第1版・第1刷発行
2022年8月15日　第1版・第2刷発行

監修者　中村 謙（なかむら ゆずる）
発行者　株式会社メイツユニバーサルコンテンツ
代表者　三渡 治
〒102-0093 東京都千代田区平河町一丁目1-8
印　刷　大日本印刷株式会社

ご意見・ご感想はホームページから承っております。
ウェブサイト https://www.mates-publishing.co.jp/

編集長：堀明研斗　企画担当：堀明研斗

※本書は2016年発行の『部活で差がつく！ソフトテニス必勝のコツ』を元に、加筆・修正を行っています。